個性を極めて使いこなす

スパイス 完全ガイド

南インド料理店エリックサウス
稲田 俊輔

西東社

はじめに

　雑草が好きです。

　外を歩いていて、線路脇や空き地などに雑草が生い茂っている場所に出くわすと、ついつい足を止めてじっくり観察してしまいます。

　様々な雑草がひしめき合うように群生している中、時に、知っているスパイスやハーブにどこか似た植物を見かけることがあります。そんな時はついついその小さな実や葉をちぎって匂いを確かめてしまうのがクセです。しかしそれは、ごくごく稀な例外を除けば（当たり前ですが）単に青臭いだけで、がっかりするのもいつものこと。そしてその度に、スパイスとして扱われる芳しい植物はとても限られた特別な存在なんだな、ということを改めて痛感します。

　人類は紀元前の昔から、その土地その土地でそんな希少な植物を見つけ出し、スパイスとして活用してきました。そんなスパイス文化が一気に花開いたのは中世以降。特に大航海時代を経て世界中を人や物が行き来するようになってからです。スパイスは様々な種類を巧みに組み合わせてこそ、その真価を発揮します。その時代、海を渡って巡り合った様々なスパイスが、様々な土地で組み合わされるようになりました。

　そんな世界規模の移動が始まった時代はまた、戦争や征服、疫病、奴隷貿易といった、負の歴史を背負った時代でもあります。今更その責任の所在を問うのも詮無いことですが、そんな不幸な、いやもっと直截的に言えば血塗られた歴史の中でも、人々はその余録として得たスパイスを日々のささやかな幸せのために使い続けたのです。そしてその積み重ねこそが今のスパイス文化を形作ったのだ、ということを私たちは忘れてはなりません。

　本書はそんな世界のスパイス文化を知り、スパイスを扱うためのテクニックを紐解いていくための本です。ただし単なるカタログや技術書にはとどまらないよう、読み物として楽しく、またそれによってスパイスの魅力が生き生きと伝わる内容を目指しました。

本書では、まずスパイスの基本的な扱いを学ぶための体系として、インドカレーをメインで取り上げました。これが本の前半部分（PART1、PART2）となります。カレーは我々にとって最も親しみのあるスパイス料理であると共に、インド料理は数多くのスパイスを使いこなすためのテクニックを包括的に網羅しています。様々なスパイスの味わいを生かすための調理法、火の入れ方、タイミング、使い分け、などなどを、最初はごくシンプルなものから徐々に複雑なものまで、順を追って無理なくマスターできると思います。最初のうちは難しく、魔法のように神秘的なイメージがあるのがスパイスですが、実はそれはごくシンプルなロジックに基づいたものであることがお分かりいただけるように構成しました。

　そこで一通りのことを学んでしまえば、次の段階として、それをベースに世界各地のスパイス料理（PART3）を学んでいくことは決して難しいことではありません。そしてそれは、著者である私自身がこれまでスパイスを学んできた道程そのままでもあります。そこに至って皆さんは、世界の食文化がスパイスで繋がっている面白さも実感することになるでしょう。そのためにここでは、その土地その土地ならではの食文化を何よりも尊重しつつ、象徴的な料理の数々を、日本の家庭でも再現可能なレシピに落とし込みました。耳慣れない料理でも、決してハードルは高くないはずです。

　そしてスパイスは、そのひとつひとつが豊穣な物語を纏っています。PART4はいわゆる「スパイスカタログ」ですが、可能な限りそこにはそんなエピソードも詰め込みました。終章のPART5は総まとめです。再びインド料理に戻り、そのスパイス使いの極意をお伝えします。この一冊を通じて多くの方が、スパイスやそれを使った料理を取り巻く豊穣な物語を楽しんでいただければ、著者としてこれ以上の幸せはありません。

南インド料理店
エリックサウス
稲田俊輔

レトルトカレーに
ちょい足しで
スパイスの個性を知る

いざスパイスを使ってみようと思っても、

「ひとつひとつの香りの違いは何となくわかるけど、料理に使った時

どうおいしくなるかがわからない……」そんなふうに思ったことはありませんか？

そこでここでは、個々のスパイスの個性をおいしさとして

実感するための最も簡単な方法をご紹介します。

それが、「レトルトカレーにちょい足し」。

とりあえずレトルトカレーと気になるスパイスを何でも用意して、

レッツ・スタート！

STEP 1

スパイスとカレーを用意します。スパイスは必ず
パウダー（粉）です。スパイスはP6の「イナダお
すすめちょい足しスパイスBEST10」も参考にし
つつ、気になるものを選んでください。

TIPS

カレーは、なるべくスタンダードで家庭的なもの
を選んでください。普通のものがいいってことで
す。そういうカレーは、スパイスのバランスが標
準的で、なおかつスパイス感がそれほど強くあり
ません。そういうカレーに単体スパイスをちょい
足ししてバランスを少し変えることで、おいしさ
を効果的に実感できます。

STEP 2

カレーにスパイスをちょい足しします。量は最
大でも1g（小さじ1/2）。最初はそれよりさら
に少なめから始めて、少しずつ足す方が良いで
しょう。

TIPS

カレーを湯煎などで温めてからそこにスパイス
を加えて混ぜてもいいのですが、先によく混ぜ
ておいてから電子レンジなどで温めた方が、味
がよくなじみ、香りも立ちやすくなります。鍋
で温めると、スパイスをちょっとずつ加えて味
見しながら調整することもできて、実験がより
楽しくなりますよ！

イナダおすすめ
ちょい足し
スパイス
BEST 10

1位
カルダモンパウダー

これぞスパイスカレー！　という感じ
の、爽やかで鮮烈な香りが加わります。
効果を実感しやすいスパイスです。

2位
ガラムマサラ

いかにもカレーらしいスパイシーな香
りがバランス良くブーストできます。
多少入れすぎても大丈夫。

3位
クミンパウダー

本格インドカレーを思わせるエキゾチ
ックな香りで、味わいにコクもプラス
されたように感じます。

4位
チリペッパーパウダー
（カイエンペッパーパウダー）

劇的に辛さが増すと共に、ほのかな香
ばしさもプラスされます。少しでも入
れすぎると、食べられないほど辛くな
るので注意してください。

5位
ブラックペッパーパウダー

少し辛さが増すと共に、華やかな香り
がプラスされます。多少入れすぎても
大丈夫。

6位
フェンネルパウダー

クミンともまた少し違うタイプのインド
らしいエキゾチックな香り。どこか中華
っぽい印象も感じるかもしれません。

7位
クローブパウダー

カルダモン同様、スパイスカレーらしい
仕上がりです。ただしクセもかなり強く
「通好み」と言えます。入れすぎ厳禁です。

8位
シナモンパウダー

甘さとスパイシーさを兼ね備えた芳香
が、意外なほどカレーによく合います。

9位
コリアンダーパウダー

さほど劇的な変化はありませんが、柑
橘を思わせる爽やかな香りがかすかに
加わります。

10位
ターメリックパウダー

大きな変化はありませんが、土の匂い
を思わせる香りで風味の重厚さが増し
ます。苦味が強いので入れすぎ注意。

\\ スパイスの沼へようこそ //
スパイスをもっと
使いこなそう 本編へGO

もくじ

はじめに **002**

レトルトカレーに
ちょい足しで
スパイスの個性を知る **004**

この本の使い方 **012**

PART 1
スパイスのとびら

スパイス料理って、カレー以外にもある？ **014**

スパイスとは何であって何でないのか **016**

スパイスの役割❶ スパイスの辛味 **018**

スパイスの役割❷ スパイスの色 **020**

スパイスの役割❸ スパイスの香り **022**

スパイスと食材の相性 **024**

基本的にスパイスはミックスして使う **026**

世界のミックススパイスの分類 **028**

スパイスの買い方と保管方法 **032**

PART 2
スパイスを使いこなす
テクニック

カレー作りのキホンのキ！
**4種類のスパイスで
「シンプルパウダー」を作ろう 036**

クイックチキンカレー **038**

チョウミン（ネパール焼きそば） **040**

香辛麻婆豆腐 **041**

マサラ焼き鳥／マサラししゃも **042**

オクラのヨーグルトカレー **043**

シーフードココナツカレー **044**

**シンプルパウダーに
さらにスパイスをプラスする 046**

**6ボックス・メソッドを使って
ミックススパイスを作ろう 048**

基本のビーフカレー **052**

キーママタル **053**

サバ缶カレー **054**

ネパール風ポークカレー **055**

拡張6ボックス・メソッド 056

スパイシーチキンカレー **058**

自家製ガラムマサラを作ろう 060

ラムカレー **062**

チキンペッパーフライ **064**

なすビーフキーマ **065**

ホールスパイスを使いこなそう　068

ホールスパイスのテンパリング
❶シード系ホールスパイス編　070

クミンシードのテンパリング
　アルジラ　071

マスターシードのテンパリング
　キャベツのトーレン　072

フェヌグリークシードのテンパリング
　小松菜のサーグ　073

フェンネルシードのテンパリング
　かぼちゃのサブジ　074

シードスパイスミックスのテンパリング
　チキンウプ　075

ホールスパイスのテンパリング
❷大きいスパイス編　076
　チキンコルマ　078

ホールスパイスをローストしてみよう　080

ホールスパイスを挽いてみよう　082

いろいろなミックススパイスを作ろう　084

ダナジラ
　インゲンのサブジ　085

ローストチリクミン
　ベイガンバジ　086

サンバルパウダー
　なすのトマトコランブ　087

ラッサムパウダー
　トマトラッサム　088

チャートマサラ
　チャナチャート　089

スパイスとハーブを使った
パン・スイーツ・ドリンク・ピクルス

　ハパンコルプ　090
　キャロットケーキ　092
　カルダモン風味のバナナケーキ　093
　チャイ風味のアメリカンクッキー　094
　ミックスベリーコンフィチュール　095
　3種のピクルス
　[ひよこ豆のトルコ風ピクルス／
　きゅうりのディルピクルス　096
　ミックスピクルス　097]
　オレンジのフルーツビネガー／
　スパイスウォッカ　098

PART 3
世界はスパイスで
あふれている

中国のスパイス　102
　牛肉とキノコの火鍋

トルコのスパイス　104
　アダナケバブ

チュニジアのスパイス　106
　ショルバサマック

エチオピアのスパイス　108
　ドロ・ワット

モロッコのスパイス　110
　ラム肉のシチュー

ポルトガルのスパイス　112
　ヴィンガドーシュ

フランスのスパイス　114
　コック・オ・ヴァン
イギリスのスパイス　116
　冷残肉のビーフカレー
ドイツのスパイス　118
　シュラハトブラッテ
ジョージアのスパイス　120
　シュクメルリ
アメリカのスパイス　122
　チリ・コン・カン
メキシコのスパイス　124
　鶏肉のモレ・ポブラーノ

ジャマイカのスパイス　126
　ジャークチキン
日本のスパイス　128
　ひりし（南蛮料理）
インドネシアのスパイス　130
　ビーフルンダン
ベトナムのスパイス　132
　パイナップルチキンカレー
タイのスパイス　134
　ゲーン・マッサマン
ミャンマーのスパイス　136
　チェッターヒン
ミックススパイス配合表　138

PART 4
スパイス事典

アサフェティダ　142
アジョワン／アニス　143
イエローマスタード／オールスパイス　144
ガーリック／カシアリーフ　145
カスリメティ　146
ガランガル／カルダモン　147
カレーリーフ　148
カロンジ／クミン　149
クローブ　150
コショウ　151
コリアンダーシード　152
サフラン／山椒　153
シナモン／ジュニパーベリー　154
ジンジャー／スターアニス　155
ストーンフラワー／スマック　156
ターメリック　157

チリ　158
陳皮／ナツメグ・メース　159
バニラ／パプリカ　160
フェヌグリーク　161
フェンネル／ブラウンカルダモン　162
ブラウンマスタード　163
花椒／ポピーシード　164
ローレル／ロングペッパー　165
オレガノ　166
コリアンダーリーフ／スイートバジル　167
タイム　168
ディル　169
バイマックルー／ホーリーバジル　170
マジョラム／ミント　171
レモングラス／ローズマリー　172

PART 5
インド・スパイス料理
総仕上げ

スパイスの達人になる前にスパイス調理の分類を知ろう　**174**

チキンチェティナード　**176**

骨付きラムビリヤニ　**178**

影の主役、それはハーブ　**180**

ミントチャトニー＋クイックラムケバブ　**182**

カスリメティチキン　**183**

そして達人は引き算に向かう　**184**

ダール　**185**

ミーンモーレー　**186**

田舎風ガーリックチリチキンカレー　**187**

料理・ミックススパイス索引　**188**

Column

ハカリを使いこなそう　**034**

カレー作りに欠かせない副材料のはなし　**066**

お菓子とスパイスの組み合わせの謎　**099**

スパイス料理と食べればおいしさ倍増
ライスやパンのレシピ　**100**

スパイスの伝播とその歴史　**140**

この本の使い方

レシピページ

クイックチキンカレー
さっと炒めてフッと煮るだけで、あっという間に完成する、シンプルで深みのないレトルトカレー。レモンとトマトのスープに仕上げています。スパイスの基味がチキンの風味をしっかりと引き出します。

スパイス

掲載しているレシピで主に使うスパイスやミックススパイスを記載しています。スパイスからレシピを引くことができます。

仕上がり重量

仕上がり重量の目安を記載している場合は、最終的にその重量になるように調整します。調整の仕方は、重量が多ければ煮詰め、重量が少なければ水を加えて沸かしなおします。

レシピの決まりごと

- バターは特に記載がなければ有塩を使います。
- 鷹の爪は種に辛味があります。お好みで種を取り除いて使用してください。
- レモンはものによって酸味が異なるため、分量はあくまで目安です。味をみて調整してください。
- 温度、時間、火加減はあくまで目安です。キッチン環境に応じて調整してください。
- 煮込む時は適宜水を補いながら煮るようにしてください。
- 主食は、ターメリックライス、バスマティライス、チャパティ（レシピはP100）など、お好みのものを添えてください。
- フレッシュハーブを保存する時は、ラップで包みジップ付き保存袋に入れて冷凍庫で保存します。早く使うにこしたことはありませんが、日持ちはします。

スパイス事典

スパイスの名称

一般的なスパイスの名称を記載しています。

DATA

各スパイス・ハーブのデータです。上から、科名、別名、原産地、利用部位、使用形状を記載しています。

食材相性アイコン

相性の良い食材をアイコンで示しています。

 獣肉（牛・羊など）

 鶏肉

魚介類

野菜

穀類・豆

パン

 お菓子

 飲み物

POINT

各スパイス・ハーブの使い方のポイントを記載しています。

PART 1

スパイスの
とびら

スパイスと聞くと
「辛い」「スパイシー」などの言葉が思い浮かびますが、
実際にはどんなものなのでしょうか？
さあ、スパイスのとびらを開きましょう。

スパイス料理って、カレー以外にもある？

スパイス料理の花形と言えばカレー。ですが、もちろん
カレー以外にもスパイス料理は数えきれないほどあります。
世界中には少しずつ異なる、様々なスパイス文化圏があるのです。

全世界にあるスパイス料理

様々なスパイスを精妙に組み合わせたカレーは、まさにスパイス料理の象徴。インドを中心とする南アジアのカレー文化は、イギリスを始めとするヨーロッパ圏や、アジアの周辺国家にも影響を与え、もちろんそれはイギリス経由で日本にももたらされました。近年では、南アジアから直接伝わった、多様なスタイルのカレーが日本で大人気です。

そんなスパイス料理の文化圏は、南アジア以外にも全世界にあります。

四川料理の麻婆豆腐（ホアジャオ）もスパイス料理です。唐辛子の辛さと花椒の痺れ、そして両者が織りなす鮮烈な香りには、スパイシーなカレーにも匹敵するインパクトがありますね。辛い料理に限らず、中国料理では他にもスパイスが多用されます。様々な煮込み料理の香りづけにはスターアニス（八角）が使われますし、羊肉や牛肉をクミンシードや香味野菜と共に炒め合わせる料理もポピュラーです。様々な料理に汎用的に使われている五香粉（ウーシャンフェン）

（P139）は、フェンネル、花椒、スターアニス、クローブ、シナモンといったスパイスが使われた、ミックススパイスの傑作です。

タコスも身近なスパイス料理です。そのルーツとなるメキシコ料理は、唐辛子やクミンなどのスパイスとハーブ類が巧みに使われています。それがアメリカナイズされたものがテクス・メクスです。テクス・メクス料理ではチリパウダー（P138）と呼ばれるミックススパイスが多用されます。とてもインパクトが強くかつバランスの良いミックススパイスですが、その優秀さ、便利さ故にあらゆる料理に汎用的に使われ、本来のメキシコ料理が持つ豊かなスパイス使いを蔑ろにしてしまっているという批判もあるようです。

同じ中南米ではジャマイカのジャークチキンも人気です。チキンをスパイスに漬け込んで香ばしく焼き上げた料理です。インド料理や北アフリカ料理からの影響も受けて生み出されたとも言われており、唐辛子やブラックペッパーの辛味の効い

イナダのつぶやき 半ば冗談なのですが、カレーマニアの間では昔から「麻婆豆腐はカレーである」なんてことが良く言われています。しっかり辛くて、とろりと粘度があり、しかもご飯にかけて食べるとたまらなくおいしい、それは確かにカレーと完全に共通する特徴です。

た味わいですが、香りの主役がオールスパイスである点が大きな特徴です。

フレンチやイタリアンを代表とするヨーロッパの料理には、あまりスパイス料理のイメージは無いかもしれません。現代では、スパイスを使うのはどちらかと言うとクラシックな手法と見做されているようです。逆に言うと、伝統料理においてはスパイスが今も巧みに利用されているということでもあります。例えばカルダモンはハムやソーセージなどの食肉加工品には欠かせない要素ですし、煮込み料理にはタイムなどのハーブ類と共にクローブ、挽き肉料理やミルクを使う料理にはナツメグ、といった感じで「隠し味」的に用いられています。また、焼き菓子やジャムなどの甘いものにも複合的に多用されるのは、ヨーロッパ的なスパイス使いの大きな特徴でしょう。そもそもフランス料理で言うところの「アセゾネ」つまり「塩コショウ」は、あらゆる料理の味付けに使われています。ですのである意味**「ほぼ全ての料理にスパイスが使われている」**とも言えるのです。

身近な世界のスパイス料理

> まとめ ▶▶▶ 世界はスパイス料理であふれている。

SPICE

スパイスとは何であって
何でないのか

「スパイスは植物である」というなんとなくの認識は
あるかもしれませんが、一体どういったものなのでしょうか。
ここでは厳密ではないものの、
思い切ってスパイスを定義してみたいと思います。

スパイスの定義

改 めてスパイスとは何でしょう。
辞書的に定義するならば、
「食物調理の際、香り付け・
辛味付け・色付けのために用いる、植物
の種子、実、樹皮、花、根、葉など」

といったところかと思います。

一般的にスパイスと呼ばれるものの多
くは種子にあたります。クミン、コショ
ウ、フェンネル、カルダモン、フェヌグ
リークなどがそうです。

唐辛子は、種子ごとその果実も利用し
ます。ナツメグも実で、メースはその仮
種皮。クローブは花蕾を、シナモンは樹
皮を、ターメリックは地下茎を利用する
スパイスです。少し風変わりなところで、
アサフェティダ（ヒング）というスパイ
スは茎から取れる樹脂状の物質を乾燥さ
せたものです。

葉や茎を利用する、ローズマリー、バ
ジル、しそなどは、「ハーブ」と定義さ
れスパイスとは区別されることが一般的
ですが、広義のスパイスとして扱われる

こともあります。また、ベイリーフやカ
スリメティは葉を利用しますが、どちら
かというとハーブではなくスパイスに分
類されることが多いようです。つまりス
パイスとハーブの境界には、幾分曖昧な
ところがあるということになります。

スパイスに使われる
植物の部位の例

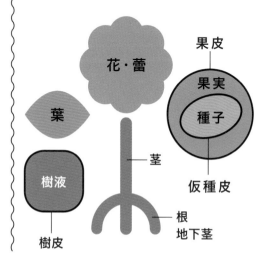

花・蕾

葉

樹液

茎

樹皮

果皮

果実

種子

仮種皮

根
地下茎

イナダのつぶやき スパイスにはもう1つ「薬理効果」という役割もありますが、現代においては、標準医療こそが
最も確実かつ安全であるため、スパイスの薬理効果に過剰な期待を持つのはあまり合理的では
ないと思います。

スパイスの形状

パウダー　　　　　ホール

ホール　　　　　ペースト

ハーブは生の状態で用いられることが多いですが、スパイスは乾燥させたものがほとんどです。ただし、唐辛子やコショウなどは生で用いられることも多く、一概に「乾燥状態で用いられるのがスパイス」と定義することも不可能です。オレガノなどのハーブの一部はむしろ乾燥させて使うケースの方が多く、様々な「ミックススパイス」の原料の一部としても活用されています。

にんにく、生姜、玉ねぎなども、乾燥させてパウダーにしたものはスパイスとして扱われることがあります。

このように、スパイスを厳密に定義するのは困難ですが、要するに話は最初に戻って、

「料理に好ましい香りや辛さ、色合いを付与する植物性の食材のうち、比較的少量で強い効果をもたらすものがスパイス」 ということでいいのではないかと思います。

ただし重要なのは、「比較的少量で強い効果」という点です。

スパイスの主な役割、つまり、香り・辛味・色付けの3つのうち最も重要なのは「香り」ですが、実は香りはスパイスのみならず、野菜、肉、魚といったあらゆる食材に固有の香りはしっかり備わっています。ですのでスパイス料理とは何か、ということを考えた時、それは決して無味無臭の主材料にスパイスで香りを付与するということではないのです。主材料の香りに効果的に別の香りをプラスして、それをより好ましいものにするのがスパイスということになります。**スパイスとはあくまで香りの引き立て役。**決して主役ではありません。なので主役の味わいを決して損ねることがあってはならない、というのが、スパイスに託された言わば「使命」です。

また、スパイスはそれ単体では決しておいしいものではありません。ほとんどのスパイスは、それ単体を口に含んでガリッと噛むと、反射的に吐き出してしまいたくなる不快な味が口いっぱいに広がります。つまり「劇薬」なのです。

そのような劇薬を、ごく少量ずつ絶妙にブレンドしながら主役を引き立て料理をおいしくする、これこそがスパイス文化と言えるでしょう。

> ま
> と ▶ **スパイスとは**
> め ▶ **比較的少量で強い効果をもたらすもの。**

スパイスの役割❶
スパイスの辛味

スパイスの役割のひとつが「辛味」です。
辛い料理は「スパイシー」と表現することがありますが、
実はそんなに単純な話ではないのです。

スパイシーな料理 ≠ 辛い料理

パイシーな料理、と言った場合、誰もがそれを「辛い料理」とイメージします。「スパイス＝辛い」というイメージは、スパイスの和訳が「香辛料」であることにも表れています。最もこれは、日本人特有の感覚というわけでもありません。

英語圏のレシピには時々、「adjust your spice level」という表現が登場します。直訳すると「あなたのスパイスレベルに合わせてください」です。そしてこれは、レシピ中の唐辛子の量の指示に、以下のように使われます。

唐辛子パウダー：ひとつまみ～小さじ1
（あなたのスパイスレベルに合わせてください）

ここでは明らかに「スパイスレベル」という言葉が「辛さ耐性」「辛さの好み」という意味で使われています。

しかし数あるスパイスの中で、はっきりとした辛味を持つものはごくわずかです。というより、**辛味を担うスパイスはほぼ唐辛子（チリペッパー、カイエンペッパー）のみ**と考える方が適切です。

コショウは確かに唐辛子と似た辛味を持ちますが、その強さは桁が1つ違います。代表的な唐辛子パウダーであるチリペッパー1gと同じだけの辛味をコショウのみから得ようと思うと、その量は少なくとも10倍以上が必要です。コショウというのは香りの強いスパイスでもあるので、それだけの量を使うと、かなりクセの強いものになってしまいます。

生姜はこれらとはまた少し違ったタイプの辛味を持っていますが、香りが強く、また加熱によって辛味が減退することもあり、料理（特に加熱調理されたもの）における辛味の効果はコショウ以上に穏やかなものとなります。

マスタードやワサビにもツンとした鼻に抜ける独特の辛味がありますが、こちらは加熱によりほぼ完全に消失してしまいます。そうなると、

スパイシーな料理＝辛い料理＝唐辛子が使われた料理

という図式がいったん成立してしまうことになります。

イナダのつぶやき　カレーで「スパイスが効いている」というのも実際は「スパイスのバランスが独特である」という現象の言い換えであることも多い気がする。そこにさらに「強い辛さ」があると、そういう評価は得やすい。どういうのが「独特」かも、食べる人の経験の幅によって全く異なる。

ホットな辛さ

唐辛子

種類が多く、品種によって辛さが異なる。世界で最も辛いとされるのはハバネロ。

コショウ

唐辛子と同じ辛味を持つが、唐辛子の辛さを再現するには10倍以上の量が必要。

- - - - - - - - - - - - - -

加熱すると辛味は消える

生姜

ピリッとする辛さがあるが、辛味よりも香りの方が重視される傾向にある。

マスタード

マスタードシードの種類によって辛味が異なる。中でも辛味が強いのは、ブラウンマスタード。

ワサビ

すりおろすことでツンとする強烈な辛さが出るが、辛味成分が揮発性なので持続しない。

シャープな辛さ

　しかし、先にも書いたように、スパイスのほとんどは辛味を持ちません。つまり唐辛子以外のスパイスをふんだんに使用した「辛くないがスパイシーな料理」は、いくらでも存在しうるということになります。例えば中国の「糟滷※（ザオルー）」はそんなスパイス調味料のひとつです。

　もしあなたがレストランのシェフだったら、と想像してみてください。お客さんに「何かスパイシーな前菜をください」と言われて「辛くないがスパイシーな料理」を出したら、たぶん怪訝な顔をされます。「これじゃない！」と怒られるかもしれません。なぜならそのお客さんが期待していたものは十中八九「辛い料理」だからです。

　理屈だけで言えば、本来「スパイシーな料理」と「ホットな（辛い）料理」は、分けて考える必要があります。そのお客さんは「辛くてかつスパイシーな料理をください」と言うべきだったのです。しかしもちろんそれは、ちっとも現実的な話ではありません。

　複数のスパイスを組み合わせて作られる料理には、たいてい何らかの形で唐辛子も配合されます。数あるスパイスの中で唐辛子は、その強烈な辛味が「やみつき」になる、少し特別な存在ということになるのでしょう。

まとめ ▶ ほとんどのスパイスは辛味を持たない。

スパイスの役割❷
スパイスの色

色とりどりのスパイスは、
広げた時に抽象画のような美しさを見せますが、
色付けの役割を果たすスパイスはそんなに多くはありません。

SPICE

ターメリックと唐辛子がカレーの色味に影響を与える

ほとんどのスパイスは、茶色や褐色のシックな色合いですが、**ターメリックの黄色と唐辛子の赤色**のこの2つだけは極めてビビッド。そしてその黄と赤の鮮やかな色合いは、最終的に出来上がるカレーの色味にも影響を与えます。スパイスの役割とは何ぞやという話においては、その香りや辛味だけでなく色付けの効果にも言及されるのが常ですが、これはその一例です。

ターメリックの黄色はクルクミンという色素によるものですが、その染色力はかなりのものです。カレーを服などにこぼすと確実にシミができます。慌ててすぐ洗っても、大概の場合、そこには黄色いシミがうっすらと残ってしまう、というのは、多くの人が経験したことのある悲劇でしょう。

不思議なのは、そのカレーが黄色っぽかろうが黒っぽかろうが赤だろうが、残るシミは全部同じような黄色なんですね。つまりこれがターメリックのクルクミンです。洗えば他の色はすぐ落ちてしまっ

赤い色を付けるスパイス

唐辛子

パプリカ

黄色い色を付けるスパイス

ターメリック

サフラン

クチナシ

イナダのつぶやき カレーのしぶとい黄色シミは、直射日光に当てれば分解されて消えます。ぜひ覚えておいてください。

ても、それだけはしぶとく残るというわけです。

黄色い色を付けるスパイスとしては、ターメリックだけでなくサフランも重要です。極めて高価で、かつ使いすぎると風味が強くなりすぎるので、ごく少量を用いますが、これもまた極めて染色力の強いスパイスです。日本ではクチナシがお菓子の色付けなどに使われてきました。

唐辛子の赤色は、一見ターメリックの黄色にも引けを取らない鮮やかさに見えますが、実は染色力はそれほどでもありません。例えばターメリックライスのターメリックを、同量の唐辛子粉に置き換えて炊いたとしても、鮮やかな赤いライスが炊けるかというと絶対に無理です。唐辛子の色素でライスに色を付けようと思えば、それにはかなりの量が必要です。しかもそれは、米が色に染まるというよりは、単に米の表面に赤い粉がまぶさったような状態にしかなりません。そしてその状態になったライスは、おそらく激辛すぎてとても食べられたものではないでしょう。

ですので、あくまで着色目的で唐辛子を使用する場合は、いわゆる「チリ」ではなく「パプリカ」を使用します。パプリカというと肉厚の大きなピーマンのような野菜をまず思い浮かべるかもしれま

せんが、あれはあくまで野菜として食べる用の特別な品種であり、本来のパプリカは言うなれば「辛味の無い唐辛子」です。見た目では各種の唐辛子とほぼ見分けが付きませんし、辛味以外の味や風味、もちろん色味も唐辛子とほぼ同じです。

このパプリカを大量に使えば、汁物や煮込み、焼き物などを鮮やかな赤に染めることが可能です。

私たちが普段スパイスの一種として手にする唐辛子は、カイエンペッパーと呼ばれる極めて辛味の強いものがほとんどです。しかしインドで使われる唐辛子は、地域にもよりますが、もっとずっと辛味の弱いものが多いようです。

代表的なのはカシミーリチリと呼ばれる大型の品種です。色の鮮やかさや風味の良さで珍重されており、日本でも稀に手に入ります。ただし珍重されるが故に偽物も多く、また偽物とは言わないまでも自然交配で突然辛くなってしまうことも多いそうで、カシミーリチリを買ったはずなのに普通のチリペッパーと同じくらい辛かった、というガッカリ体験をすることもあります。

いずれにせよ、辛味の少ない唐辛子は料理にたくさん使うことができて、その料理はより赤みの強い色に仕上げられるということになります。

まとめ ▶ スパイスで色付けできる色は赤と黄色。

スパイスの役割❸
スパイスの香り

スパイスの役割として、ここまで「辛味」「色」について
見てきましたが、やはり最も重要なのは「香り」です。
スパイスの香りの成分と、
それを引き出すタイミングを見ていきましょう。

SPICE

精油成分が多く集まる部位がスパイスに

スパイスの香りは、スパイスに含まれる**精油成分**によるものです。スパイスは植物の種を中心に、実、花、葉、皮などが用いられますが、これはその植物の中で特に精油成分が多く集まる部位を選択的に利用していると言えます。

例えばクローブは花の蕾部分を利用しますが、それはこの部分にオイゲノールという精油成分が多く含まれているからです。この成分は、蕾が開花するにつれ減少していきます。なのでスパイスの品質に関しては、収穫時期も重要ということになるのです。ベイリーフの精油成分シオネールは若葉に多く含まれ、それを乾燥させることで濃度が高まると共に余分な青臭さが飛び、スパイスとしてより使いやすくなります。

コリアンダーは種子の部分と葉の部分（パクチー）が両方とも利用されますが、両者の風味は同じ植物とは思えないほど大きく異なります。これは、種と葉で集まる精油成分が全く異なるからに他なり

ません。ディルもまた種子と葉が利用されますが、こちらは両者良く似た風味です。インディアンベイリーフとも呼ばれるカシアリーフは、樹皮もカシアシナモンとして利用されます。この両者は、基本的な風味は異なりますが、よく嗅いでみるとそこには共通する香りも含まれていることに気が付くでしょう。

スパイスの全体重量に対するこの精油成分の含有量自体は、実はごくわずかなものです。ほとんどのスパイスで全体重量の2〜5％程度。しかしその僅かな成分が、料理においては少量で絶大な効果を発揮します。また多くのスパイスは複数の精油成分を持ち、その組み合わせがそれぞれの独特な個性として発揮されるということになります。

ちなみにクローブは精油成分が15％以上と例外的に多いスパイス。カレーなどにちょっとでも入れすぎるとたちまち全体のバランスを壊してしまう「取り扱い注意」のスパイスですが、そのことはこんな数値にも表れていますね。

イナダのつぶやき コクにおいては「香り」、中毒性においては「辛味」が、重要な要素な気がするけど、それらは生理学的な快感というよりも、過去に強烈においしかった記憶を都度呼び起こすための心理的なトリガーなのかな、と解釈してます。

スパイスの香りを引き出すタイミング

❶ 生の素材にまぶす

肉や魚などの下拵えとして、生の素材にまぶす。「タンドリーチキン」や「ジャークチキン」、最近の現地系中華で人気の「羊肉串」はこれに該当。ステーキに塩コショウで下味を付けて焼くのも同じ理屈。

❷ 加熱調理中に加える

炒める、煮る、焼くなどの加熱調理の途中で加える。カレーはこの❷が中心だが、インドカレーでは少し複雑で、原形（ホール）のままのスパイスをオイルで加熱する、パウダースパイスを香味野菜などと共に炒める、煮込み途中に加える、などの手法が複合的に組み合わされるだけでなく、同時に❶と❸の手法も併用される。

❸ 仕上げに振りかける

調理後、仕上げに振りかける。うどんに七味唐辛子を振るなど、和食はこのパターンが多い。フレンチやイタリアンではコショウを調理中と仕上げの2段階で使うことで、その効果を最大限に活用する。

スパイスの精油成分を活用するタイミングは大きく3段階に分けられます。

精油成分は、加熱調理の過程で徐々に揮発していきます。その種類によって、熱に強い／弱い、揮発しやすい／しにくい、の多少の差はありますが、基本的には減退していきます。なので、理屈だけで言えば、❸の「仕上げに振りかける」というのが、最もスパイスの香りを有効活用しているようにも思えるかもしれません。しかし話はそんなに単純ではありません。

肉にスパイスをあらかじめまぶしてから焼くと、臭み消しの効果が発揮されるだけでなく、風味が肉の中まで浸透したり、高温で熱せられたスパイスが香ばしさを付与したりします。

煮込みなどの加熱調理中に加えれば、それはスパイスと食材、水分、油脂、あるいはスパイス同士がよくなじみ、渾然一体となった複合的なおいしさになります。また焼くにしても煮るにしても、スパイスは加熱でより強い香りを放ちます。強い香りを放つということは、まさにこの精油成分が揮発しているということに他ならないのですが、実際にはそうやって活性化した香りこそが料理にとっては重要なのです。

まとめ ▶ **スパイスの香りは3つのタイミングによって効果を発揮する。**

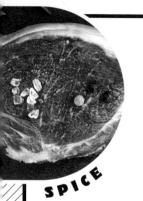

スパイスと食材の相性

それぞれのスパイスごとに、食材との相性があります。
相性の傾向をつかめば、
オリジナルのスパイス料理を作り出せるかもしれません。

国や文化圏の違いが相性に影響

パイスとは料理において、主に香りによって素材を引き立てることで、その味わいを高めるものです。そうなると必然的に、各素材とスパイスには「相性」というべきものが存在するということになります。

右ページの表は、そんな素材ごとのスパイスとの相性の良さを一覧にしたものです。ただし注意していただきたいのは、これはあくまで**「傾向」**であり、様々な例外もまた存在するということです。

例えば表を見ると、カルダモンは肉類との相性は良いが魚介や野菜との相性はそうでもない、ということになるのですが、全く使われないかと言われたら決してそんなことはありません。あくまで、肉料理ほど頻繁に使われることは無い、という頻度の話です。

また、この傾向には国や文化圏ごとの違いも大きいです。インドではほぼ肉料理にしか使われないスターアニスも、中国なら魚をメインとした鍋料理などに、当たり前のように使われています。

とはいえ、文化圏を超えた世界的な傾向と言えるものも確かに存在します。羊や山羊の肉をよく食べる地域では、必ずと言っていいくらい、コリアンダーリーフやクミンがセットになっていると言われています。

ただしここにもまた例外はいくらでも存在します。少なくとも現代のフランス料理などでは、その役割はローズマリーやタイムなどのハーブ類に置き換わっていますし、沖縄料理では昔からヨモギが使われています。

全体的な傾向という意味では、スパイスはやはり肉料理に対して、より積極的に使われるということは言えそうです。カルダモンやクローブ、シナモン、ナツメグ、オールスパイスといった特に少量で強烈な効果を発揮するスパイスを、私は**「華やか系スパイス」**と呼んでいますが、こういったスパイスは特にそうです。反対に魚介類では、こういったスパイスよりもむしろ**ハーブ類**が多用されている傾向にあります。

イナダのつぶやき

ココアに唐辛子、肉料理にミント、マーマレードにローレル、ジェラートに黒コショウなど、それまで知らなかった意外な相性に出会うと興奮してきますね。

スパイスと食材の相性表

	獣肉（牛・羊など）	鶏肉	魚介類	野菜	穀類・豆
クミン	◎	◎	○	◎	◎
チリペッパー	◎	◎	◎	◎	○
コショウ	◎	◎	○	○	○
コリアンダー（種子）	○	○	○	◎	○
コリアンダー（葉）	◎	◎	◎	○	○
ターメリック	○	○	○	◎	◎
ローレル	◎	◎	○	△	△
シナモン	◎	◎		△	
カルダモン	◎	◎			
ブラウンカルダモン	◎	◎			
クローブ	◎	◎			
ナツメグ	◎	◎			
オールスパイス	◎	◎			
スターアニス	◎	◎	○		△
フェンネル	◎	◎	◎	○	
マスタード	◎	◎	○	○	
フェヌグリーク	△	○	◎	◎	
サフラン	○	○	◎		○
アサフェティダ	△	△		○	
ジュニパーベリー	○	○	△	○	
カロンジ	○	○	◎	○	○
アジョワン	◎	◎		◎	
ポピーシード	△	△	△	△	
山椒	◎	◎	◎	○	
ジンジャー	◎	◎	◎	◎	○
ガーリック	◎	◎	◎	◎	◎
ローズマリー	◎	◎	○	△	
タイム	◎	◎	◎	△	
バジル	○	◎	◎	◎	
オレガノ	○	◎	○	◎	△
ディル	△	○	◎	◎	

まとめ ▶ 肉料理は華やか系スパイス、
▶ 魚料理はハーブと相性が良い傾向にある。

SPICE

基本的にスパイスは ミックスして使う

スパイスは単体で使うこともできますが、
カレーにおいてはミックスして使うことの方が多いです。
その理由や作用を解説していきます。

カレーは多種のスパイスを混ぜ合わせて使う料理

ミックススパイスとは、文字通り複数のスパイスを混合したものです。場合によっては乾燥ハーブやナッツ類などの食材が配合されたり、あらかじめ塩などの調味料も加えられることもあります。

日本人にとって最も身近なミックススパイスのひとつが「カレー粉」です。カレー粉はもともとヨーロッパで発明されました。様々なスパイスをその都度調合して作るインドのカレーに近いものを、スパイスの知識が無くとも手軽に再現するための発明です。

この「カレー粉」、ルーツを辿るとヨーロッパを経てインドに至るのですが、不思議なことに、カレー粉と似た配合で作られるようなカレーはインドではなかなか見当たりません。インドカレーとひとことで言ってもそのバリエーションは無限なので、それが皆無とは言えないでしょうが、少なくとも私の知る限り、似たようなものはあまりないのです。

いったい誰によって、どの地域のどの

ようなカレーをモチーフとしてこのような配合に至ったかは謎ですが、結果としてカレー粉は、独特の風味を持つミックススパイスとして普及しました。

インドにはカレー粉そのものにあたるようなものは無いと言われていますが、それに近いものが「ガラムマサラ」です。ガラムマサラはカレーにおいて香りの主役になるようなスパイスをあらかじめ数種類バランス良くブレンドしたものです。自家製の場合もありますし、既製品としても売られています。

ただしガラムマサラはカレー粉と違い、それ単体でカレーが完成するわけではありません。コリアンダー、チリ、ターメリックといったベースとなるいくつかのスパイスに、最後アクセントとして加えるという使い方が基本です。

実はインドでもカレー粉のようにそれ単体でカレーが作れるミックススパイスが市販されています。ただしそこはさすがにインド。「チキンカレー用」「マトンカレー用」「野菜カレー用」など、用途

イナダのつぶやき インドで市販されているカレーが作れるミックススパイスは、言うなれば日本における中華調味料の「Cook Do®」のような感覚かもしれません。

ミックススパイス

様々なスパイスをバランスよくミックスすることで、その料理自体を食べやすくすることができる。

スパイス単体

スパイスの個性を強く打ち出したい時には単体で使う。または1種類のスパイスの量を極端に増やすと鮮烈な味わいに。

に合わせたものが並んで売られているのです。

こういった既製品のミックススパイスを使うにせよ、単体のスパイスを調合するにせよ、カレーは多種のスパイスを混ぜ合わせて使う料理です。その調合のバランスが大事であり、また多くの人にとってそれは神秘のヴェールに包まれているようにも見えます。

それもあって、多くの日本人は「スパイスはたくさんの種類を使えば使うほど本格的」というイメージを持っているようです。なので巷には「30種類のスパイスを絶妙にブレンドした秘伝の本格カレー」みたいな惹句が溢れています。しかしインドカレーにおいては、使われるスパイスの種類は多くてもせいぜい10種類ちょっと、そしてほとんどの場合はも

っと少ないのです。

スパイスは複数種類を同時に使うことで、単に風味が複雑になるだけではなく、単体では個性の強すぎるスパイス同士が互いのクセを打ち消しあって、全体として食べやすい味わいになります。多くのスパイスを使うタイプのカレーは、その作用を上手に利用しているとも言えるでしょう。と言ってもそのためには、スパイスは10種類もあれば充分だと思います。

逆にスパイスの種類を絞ると、ひとつひとつのスパイスの個性が際立ち、鮮烈な味わいに向かうということでもあります。むしろ少ない方が、スパイス感が際立つということです。また多種類を使うにしても特定のスパイスを極端に増やせば、ある種の「バランス崩壊」が起こり、それもまた鮮烈な風味になります。

ま
と ▶ スパイスをミックスすると、互いのクセを
め ▶ 打ち消し合い、食べやすい味わいにできる。

SPICE

世界の
ミックススパイスの分類

世界には様々なミックススパイスがあり、
それは2×2のマトリックスで分類することができます。

ミックススパイスマトリックスで使い方がわかる

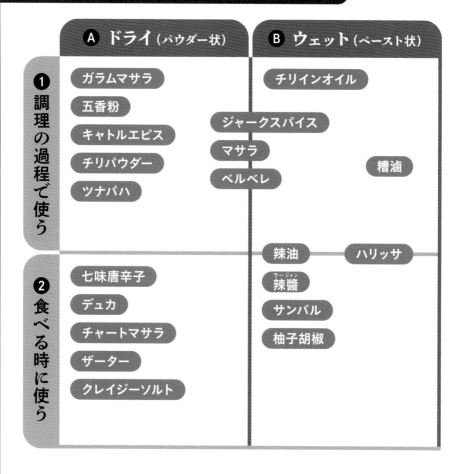

	Ⓐ ドライ（パウダー状）	Ⓑ ウェット（ペースト状）
❶ 調理の過程で使う	ガラムマサラ 五香粉 キャトルエピス チリパウダー ツナパハ	チリインオイル ジャークスパイス マサラ ベルベレ 糟滷
❷ 食べる時に使う	七味唐辛子 デュカ チャートマサラ ザーター クレイジーソルト	辣油　ハリッサ 辣醬（ラージャン） サンバル 柚子胡椒

イナダのつぶやき
キャトルエピスはスパイスが5種類以上配合されても、名称は「キャトルエピス」です。

スパイスは複数種類をミックスすることで、互いのクセを打ち消し合うと共に、より深い味わいが得られます。この特性を最も生かした料理のひとつがカレーですが、もちろんカレーやインド料理以外でも、このテクニックは頻繁に用いられています。むしろ、スパイスを料理に活用する文化圏には必ずその地域特有のミックススパイスがあると言えるでしょう。

世界のミックススパイスをあえてざっくりと2つに分類すると、

❶ 調理の過程で使うもの
❷ 食べる時に使うもの

そしてまたもうひとつ別の軸で、

Ⓐ ドライタイプ（乾燥した粉状のもの）
Ⓑ ウェットタイプ（油分や水分が含まれたペースト状のもの）

という分類もあります。ミックススパイスはほぼこの2×2のマトリックスで理解しておくと良いでしょう。

カレーにおいては、インドではガラムマサラ、その他の地域ではカレー粉がよく使われますが、これらは乾燥状態で保管され、加熱調理の過程において使われるミックススパイス。左記のマトリックスでいうと［❶-Ⓐ］ですね。このスパイスをいくつかご紹介していきましょう。

五香粉は中国のミックススパイス。その名の通り5種類のスパイスで構成されます。スターアニス・クローブ・シナモン・花椒・フェンネルという組み合わせが一般的ですが、主にフェンネルを替え

て、アニス、カルダモン、陳皮などが入ることもあるようです。中国では単体スパイスも多用されますが、そういう場合でも五香粉は補助的に併用されることが少なくありません。また単体スパイスを使わず五香粉だけで風味を整える簡便な（合理的な？）手法も活用されます。このあたりはインド料理のガラムマサラとよく似た使われ方です。

キャトルエピス（P138）はフランス料理で使われます。キャトルが「4」、エピスが「スパイス」の意味で、オールスパイスもしくはシナモン・ナツメグ・クローブの3種にジンジャー、白コショウ、黒コショウのいずれかが加わりますが5種類以上配合されることもあります。

チリパウダーはテクス・メクスと言われるアメリカ風メキシコ料理用の汎用ミックススパイスです。本来メキシコでは料理ごとに様々なスパイスを異なるブレンドで用いますが、チリパウダーはその専門的なノウハウや手間をショートカットし、これひとつで誰もがメキシコ風のスパイス料理が作れるようになったという意味で画期的な発明です。これはイギリスでカレー粉が発明された経緯とも似ています。配合の主役は文字通りチリ（唐辛子）ですが、パプリカが多く配合されていることもあり、辛味はそれほどでもありません。そこにクミン、オレガノ、ガーリック、タイムといった個性の強いスパイスがバランス良く配合されています。

仕上げに使うミックススパイス

前述の❷食べる時に使うスパイスを紹介します。日本人なら誰もが知っているであろう七味唐辛子もその典型的なひとつ。**七味唐辛子**（P139）は立派なミックススパイスなのです。

　七味唐辛子は唐辛子を中心に、山椒、陳皮、しそなどのスパイスが配合されますが、そこに胡麻やポピーシード（ケシ）、麻の実など、芳香成分というよりナッティな香ばしさを担う食材が加わるのが特徴。また、普通はスパイスとしてはカウントされない青海苔が、あたかもスパイスのように強い香りの役割を担っているのも特徴です。

　これらの「スパイスらしからぬ」原料が活躍するのは、調理の過程ではなく仕上げにふりかけられるからこそ、その香ばしさを発揮できるからと言えます。日本人は歴史的に調理に油脂を用いることが極端に少なかったこともあり、油脂で風味を抽出するスパイス類はあまり使われてきませんでした。その代わりに、こうやって後から振りかけるタイプのミックススパイスである七味唐辛子がここまで普及したのは、なかなか興味深い現象だと思います。

　食べる時に使うミックススパイスの世界代表のひとつが**デュカ**（右上の写真、P139）でしょうか。エジプトやその周辺地域のミックススパイスで、コリアンダーとクミン、というスパイス界の名コンビを中心に、胡麻やヘーゼルナッツなどが加わります。他にもオレガノ、タイム、ミント、マジョラムといったドライハーブが加えられることもあるようです。

　面白いのは七味唐辛子の胡麻や麻の実

と同様、❶調理過程で使われるミックススパイスではあまり用いられない、ナッツ系の香ばしい食材が重要な役割を果たしていること。これらは油脂成分が多く、あまり細かくすり潰そうとすると油分が分離してペースト状になってしまいます。ですのでデュカは、あくまで粗めに砕いた状態で仕上げられます。そしてあらかじめ塩も加えられており、前菜としてパンや野菜に付けて食べられます。

　こういった伝統的な仕上げ用ミックススパイスは、他にもインドのチャートマサラや北アフリカの**ザーター**（P139）など世界中にありますが、むしろ現代において多くのものが新たに発明され、また重宝されている印象があります。世界的なヒット商品が1960年代にアメリカで登場したクレイジーソルトでしょうか。

イナダのつぶやき　七味唐辛子に慣れた日本人には、振りかけるミックススパイスがことのほか馴染みが良いようです。宮崎のご当地ミックススパイスであった「マキシマム」が全国的に人気となったのを皮切りに、今では様々な商品がちょっとしたブームに。

日本でもすっかりお馴染みですね。

　乾燥原料だけでなく、玉ねぎ、にんにく、生姜といった香味野菜や油脂などを加えてペースト状に仕上げるウェット系のミックススパイスもたくさんあります。これは、[❷-❸]にあてはまるものです。唐辛子を中心とした様々なスパイスの香味をオイルに抽出した辣油も、広い意味でこのひとつと言えます。中国では辣醤とも呼ばれる、いわゆる「食べるラー油」ももちろん典型的なひとつで、そのブームはまだ記憶に新しいところです。

　日本でもヒットしたと言えば、北アフリカの伝統的スパイス調味料である**ハリ**

ッサ（上の写真、P139）も有名。欧米各国でも高まった人気が、日本にも飛び火したということのようです。生の赤唐辛子とオイル、塩、にんにくをペーストにして加熱したものが基本ですが、そこにコリアンダー、クミンなどのスパイスやハーブなども加えられた様々なバリエーションがあります。ハリッサは調理の

過程で加えられるだけでなく、仕上がった料理にも薬味的に添えられたり、ディップソースとしても食べられます。

　エチオピアでは、唐辛子、クローブ、ブラックペッパー、カルダモンなど多種のスパイスと香味野菜をすり潰して加熱した**ベルベレ**（P139）が、日々欠かせないものとして使われています。これは、国民食のワットという辛いシチューの味付けとしても重要。調味料としての使い方といい、スパイスの種類といい、インド料理における「マサラ」にもよく似た文化です。ベルベレは粉状の乾燥タイプも市販されており、こちらはまさに唐辛子主体のカレー粉といった趣です。

　東南アジアでも唐辛子をベースにしたペースト調味料はよく用いられます。こちらはスパイスを複雑に組み合わせるというよりは、香味野菜の他に魚醤、蝦醤（シャージャン）なども加わった、それ自体が副食物となるようなものが中心です。

　こういったミックススパイスは、現代ではもちろん工業的にも生産されていますが、元々は家庭ごとの味でした。スパイス文化圏には必ずといっていいほどその土地ならではの石臼があります。それを使って様々なスパイスや副材料を丹念にすり潰す光景は、世界に広く共通だったことでしょう。

> **まとめ** ▶ ▶ ▶ **世界には様々なミックススパイスがある。**

スパイスの買い方と
保管方法

どんなスパイスをどこで揃えたらいいのか、
悩む方もいるでしょう。
まず揃えるべきスパイスとその購入先、保存方法を教えます。

まずはこの4つをスーパーで揃えよう

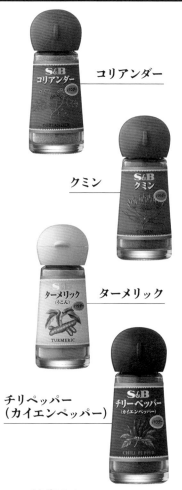

コリアンダー

クミン

ターメリック

チリペッパー
（カイエンペッパー）

本書の構成は、まずインドカレーでスパイス使いの基本的なテクニックを学び、それを世界の様々な料理に応用していく、という流れになっています。この後のPART2の前半では、まずカレーに欠かせない最低限のスパイス、**コリアンダー**、**クミン**、**ターメリック**、**チリペッパー（カイエンペッパー）**の4種類を紹介しています。これらはカレー以外の料理にも活用の場が広いのでまず買っておくスパイスです。その後は、作る料理によって必要なものを買い足していけば問題ありません。

スパイスの購入先は、最初は素直にスーパーで良いと思います。日本の小瓶入りスパイスは、はっきり言って世界最高のスペックです。品質が確実で、スパイスの消費スピードをつかむまでは少量ずつ入った小瓶入りスパイスの方が、鮮度を保てます。最初はそれで基準を知ることをおすすめします。もちろん最初から専門のスパイスショップで揃えるという選択肢もあります。

 イナダのつぶやき

私の場合は、パウダーで常時持っているのはせいぜい5、6種類程度。あとは全てホールです。

保存は密封と冷暗所を厳守

入りのスパイスを購入した場合は、密閉できる広口の蓋付ボトルに移し替えることをおすすめします。ボトルの素材はプラスチックにするかガラスにするかは悩むところです。軽くて割れないプラスチックの方が使い勝手は良いのですが、とりあえずクローブだけはガラス瓶にしておいてください。クローブはスパイスの中でも特に精油成分が多く含まれ、プラスチックの材質によってはその成分がボトルを溶かしてしまうことがあるからです。

どういう容器で保存するにせよ、**密封**することはとても大事です。そうすればスパイスは基本的に常温で保管できます。ただし、それはあくまで**冷暗所**であることが前提。外の光が入るような場所は、長期の保管には向きません。戸棚の中にしまいましょう。もちろん、冷蔵庫でもかまいません。

保管という意味では原形のホールスパイスの方が向いています。中でもカルダモン、クローブ、シナモンといった揮発性の香りが強いスパイスは、特にホールでの保管が理想的です。パウダーとして使う場合は、その都度ミルミキサーで挽いて使います。逆に揮発性の香りが重要

ではないターメリックやチリペッパーなどはパウダーで構いません。

ただし、神経質にそこまでこだわらなければいけないかというと、それはあなた次第。ホールの扱いが億劫になるくらいなら、むしろいつでも気軽に使えるパウダーの方がいいでしょう。このあたりは説明のニュアンスが難しいのですが、スパイス、特にパウダースパイスが、封を切った瞬間から（より厳密に言えば未開封でも少しずつ）劣化するのは確かで、できれば2、3か月で使い切ってしまいたいところではあります。しかし、じゃあ開封して1年経ったスパイスが使えないかというと決してそういうわけではありません。何なら3年経っていても使えるものもあります。

こればかりは、実際にスパイスを一定期間扱ってみないと感覚が分かりづらいかもしれません。ただ言えることは、**スパイスは徹底的にこだわっても楽しいし、あまり細かいことは気にせず気軽に付き合っても楽しい**、ということです。1年ぶりに蓋を開けたスパイスの匂いを確かめて、スパイスを買い替えるべきか、まだイケそうか、悩むのも楽しみのうちかもしれません。

まとめ ▶ ▶ ▶ スパイス初心者は、スーパーで小瓶入りスパイスを買うべし。保存・保管は密閉して冷暗所で。

ハカリを使いこなそう

これから様々なスパイス料理のレシピが登場しますが、
これらを作る上で欠かせない道具がハカリです。
なぜハカリが必要なのか、知っておきましょう。

レシピがグラム表記である理由

　玉ねぎにせよトマトにせよ、1個あたりの大きさはまちまちです。なので全てグラム表記にすることで、可能な限り再現性を高めました。塩やオイルなども、大さじ小さじだとブレが出やすいのですが、グラムならより正確です。

　ただしハカリの性能によっては、スパイスなど極端に軽いものを少量計るのが難しい場合もあるかもしれません。その場合はほぼ全てのスパイスに共通で【小さじ1＝2g】を目安に調整してください。

鍋をハカリにのせて直接計量すると便利

　ほぼ全ての工程で、ハカリに鍋をのせてそこで材料を直接計量できるようになっています。そのため、計量のための洗い物も増えず、効率的に調理できるはずです。

　調理途中の熱い鍋をハカリに置く時は、必ずコルクなどの鍋敷きを敷いてください。

最も重要なのは仕上がり重量

　カレーの仕上がりを左右する最大の要素が「仕上がり重量」です。レシピ通りに作っても、鍋や蓋の形状、そして微妙な火加減で水分の蒸発量は大きく異なってきます。その差により、カレーの濃度や味は別物にもなりかねません。本書のほとんどのカレーレシピには、理想的な仕上がり重量が書かれています。カレーが完成したら鍋ごとハカリにのせ、そこからあらかじめ計ってメモっておいた鍋の重量を引いた重さと比較してください。多すぎればもう少し煮詰め、少なすぎれば少し水を足して沸かし直せば、一気に理想的な仕上がりに近付きます。

PART 2

スパイスを使いこなすテクニック

スパイスを身近なものにするためには、
使いこなすテクニックを知ることが大切です。
スパイスを料理に生かすテクニックを
インド料理を通じて学んでいきましょう。

カレー作りのキホンのキ！
4種類のスパイスで「シンプルパウダー」を作ろう

カレーはもちろん、様々な料理に使える
万能なミックススパイス
「シンプルパウダー」を作りましょう。

たった4つで万能ミックススパイスができる

プロローグの「レトルトカレーにちょい足しでスパイスの個性を知る（P4）」で、いくつかのスパイスの個性は何となく分かったのではないかと思います。また、スパイスはミックスして使うと前述しました。そこでまずは、カレー作りにおいて基本とも言える4種のスパイスをブレンドして、「シンプルパウダー」と私が呼んでいるミックススパイスを作っていきましょう。ブレンドと言っても、実は超カンタン。4種類のスパイスを同じ量ずつミックスするだけで作れます。

あらかじめ基本スパイスをブレンドしておくメリットは、その都度調合する手間を省けることはもちろんですが、もうひとつ「計量を容易かつ確実にする」という利点があります。例えば4種類のスパイスを各0.5gずつ計量して合わせるのは難しく、また誤差も出やすいのですが、シンプルパウダーを2g計量するのはそれよりずっと容易、かつブレも抑えられます。これによって少人数単位のカレーやちょっとした副菜、あるいはインド料理以外のスパイス料理も、ぐっと作りやすくなります。

シンプルパウダーの作り方

材料（カレー約20人前）

コリアンダーパウダー … 10g
クミンパウダー … 10g
チリペッパーパウダー … 10g
ターメリックパウダー … 10g

作り方

全てのスパイスを混ぜ合わせる。保存する時は、密閉できるプラスチックボトルなどの容器に入れる。

イナダのつぶやき

カレーの場合、スパイスの種類を増やせば増やすほどありふれた凡庸な味に、逆にうまく絞れば個性的で印象的な仕上がりになる傾向があります。

4種のスパイス、それぞれの役割

コリアンダーパウダー

柑橘を思わせる爽やかな香り。それ自体の香りは穏やかですが、ミックススパイス全体の「まとめ役」になります。

クミンパウダー

いかにもインドカレーらしい華やかな香りの主役。カレーの味わいにコクもプラスしてくれます。

ターメリックパウダー

鮮やかな黄色い色味と共に、どこか大地の香りを思わせるどっしりした風味がカレーの土台となります。

チリペッパーパウダー

カレーに不可欠な辛味を一手に担うと共に、香ばしい香りと赤い色味も演出できます。

まとめ ▶ **4つのスパイスがカレーの基本。**

クイックチキンカレー

さっと炒めてさっと煮るだけで、あっという間に出来上がる、
シンプルで飽きのこないチキンカレー。サラッとスープ状に仕上がりますが、
スパイスの風味がチキンの旨味をしっかり引き出します。

材料 (2人前)

サラダ油 … 30g
玉ねぎ (ケララ切り→P66) … 120g
にんにく (すりおろしまたはみじん切り) … 4g
生姜 (すりおろしまたはみじん切り) … 4g
鶏モモ肉 (皮を取り、一口大に切る) … 200g
シンプルパウダー … 4g
塩 … 4g
水 … 50mℓ
トマト (ざく切り) … 80g

SPICE
スパイス

シンプル
パウダー

作り方

1 デジタルスケールの上に鍋をのせて、油、玉ねぎ、にんにく、生姜をそれぞれ入れて計量する。

POINT
玉ねぎ、にんにく、生姜がいわばカレーのベースとなる。オイルの量が多く見えるかもしれないが、このオイルがこの後、スパイスの香りを引き出す重要な役割を果たす。

2 1の鍋を中火にかけ、玉ねぎがしんなりするまで5分ほど炒める。

3 鍋に、鶏肉、シンプルパウダー、塩を加え、全体をよく混ぜながら肉の表面の色が変わるまで炒める。

POINT
この工程は、カレーに限らず煮込み料理の基本。スパイスを炒めることで香りを立たせ、オイルにその風味を溶かし込む重要な意味がある。

4 鍋に水とトマトを加え、沸騰したら蓋をし、弱火で10分煮込む (仕上がり重量400g)。

POINT
水は煮込みの過程で全て蒸発すると考える。よって、最終的な鍋中の重量は400g程度に着地するのが理想的な仕上がり。

チョウミン (ネパール焼きそば)

シンプルパウダーさえあれば、家にあるものだけでこんなのも
あっという間に作れます。野菜はキャベツかもやしを中心に、
その他冷蔵庫にあるものを適当に使ってもおいしくできます。

SPICE
スパイス

シンプル
パウダー

材料 (2人前)

サラダ油 … 15g
豚コマ肉 … 100g
お好みの野菜 (キャベツ、もやしなど
　何でも可、食べやすい大きさに切る) … 200g
塩 … 3g
シンプルパウダー … 3g
焼きそば麺 … 300g (2袋)
A｜醤油 … 15g
　｜ケチャップ … 15g
　｜酢 … 15g
　｜にんにく (すりおろしまたはみじん切り) … 4g
　｜生姜 (すりおろしまたはみじん切り) … 4g

作り方

1 フライパンに油を中火で熱
　し、豚肉を炒める。豚肉の
　色が変わったら野菜も加え
　てさらに炒める。

2 野菜にだいたい火が通った
　ら、塩とシンプルパウダー
　を加えて炒める。

3 焼きそば麺を加えて炒め、
　混ぜ合わせたAを回し入
　れてさらに炒める。

イナダのつぶやき　いかなる定義をひねくり出しても麻婆豆腐をカレーから分離することは不可能だというのが僕
の見解です。

香辛麻婆豆腐

豆腐の水切り不要、スープ不要、とろみ付け不要。
あえて超シンプルな材料であっという間に作る麻婆豆腐も、
シンプルパウダーの力でググッと味わい深く仕上がります。

材料 （2人前）

A サラダ油 … 30g
　にんにく（粗みじん切り）… 15g
　豚挽き肉 … 150g
　赤味噌 … 10g
　シンプルパウダー … 4g

水 … 100mℓ
醬油 … 30g
木綿豆腐（角切り）… 300g
長ねぎ（みじん切り）… 30g
花椒またはブラックペッパー
　（お好みで）… 適量

作り方

1 デジタルスケールの上に鍋をのせ、Aをそれぞれ入れて計量する。

2 1の鍋を中火にかけ、よく混ぜながら炒める。豚肉に火が通り、油が浮き出してきたら、水、醬油、豆腐を加え、ぐつぐつと煮込む。

3 水分が蒸発してきたら、長ねぎと花椒またはブラックペッパーを加えて、さっと混ぜる。

SPICE
スパイス

シンプル
パウダー

SPICE スパイス
シンプルパウダー

マサラ焼き鳥

鶏肉に塩とシンプルパウダーをまぶして焼くだけで、
ちょっとしたご馳走に。マスタードか辛子醤油を添えてどうぞ。

材料 (2人前)

鶏モモ肉 … 300g
塩 … 3g
シンプルパウダー … 3g

作り方

1. 鶏肉は6〜8等分に切り分け、塩とシンプルパウダーをまぶす。
2. フライパンにサラダ油少々(分量外)をひき、1の皮目を下にして並べる。
3. 2のフライパンを中火にかけ、皮がこんがりしてきたらひっくり返して弱火にし、蓋をして火が通るまで蒸し焼きにする。

SPICE スパイス
シンプルパウダー

マサラししゃも

シンプルパウダーは魚とも相性バッチリ。
表面にまぶして焼くだけで、ひと味違った焼き魚になります。

材料 (2人前)

ししゃも … 100g
シンプルパウダー … 1g
香菜(お好みで) … 適量
レモン(お好みで) … 適量

作り方

1. ししゃもにシンプルパウダーをまんべんなくまぶす。
2. 1を魚焼きグリルなどで軽く焦げ目が付くまで両面焼く。
3. 2を器に盛り、お好みでざく切りにした香菜を添え、レモンを搾る。

イナダのつぶやき

お野菜豆知識「セロリは栄養価が低い」「オクラは消化に悪い」。見返りを求めずにおいしく食べるのが愛だ。

オクラのヨーグルトカレー

野菜だけで手早く作るシンプルなカレー。
肉系・魚介系のカレーと合い盛りするサブカレーとして、ヘルシーなお惣菜として、
カレーやインド料理以外の献立にも活躍する名脇役です。

材料 (2人前)

サラダ油 … 15g
玉ねぎ (ケララ切り) … 60g
にんにく (すりおろし
　　またはみじん切り) … 2g
生姜 (すりおろしまたはみじん切り) … 2g
トマト (小角切り) … 40g
シンプルパウダー … 2g
塩 … 2g
オクラ (一口大に切る) … 100g (1パック)
ヨーグルト … 30g

作り方

1. フライパンに油、玉ねぎ、にんにく、生姜を中火にかけ、炒める。玉ねぎがしんなりしたらトマトを加えてさらに炒める。

2. トマトが崩れてペースト状になってきたらシンプルパウダーと塩を加え、全体が馴染んでスパイスの香りが立つまで炒める。

3. オクラを加えてさっと炒め、ヨーグルトを加える。全体をよく混ぜ、蓋をして2分程度蒸し煮する (仕上がり重量200g)。

SPICE
スパイス

**シンプル
パウダー**

シーフードココナツカレー

まろやかなココナツミルクベースのグレイヴィ（カレーの煮汁）を先に作り、
そこでシーフードミックスにさっと火を通したらもう完成です。
ココナツと香菜の風味がシンプルパウダーの香りに奥行きを与えます。

材料 (2人前)

サラダ油 … 15g

玉ねぎ (ケララ切り) … 60g

にんにく (すりおろしまたはみじん切り) … 4g

生姜 (すりおろしまたはみじん切り) … 4g

トマト (小角切り) … 80g

シンプルパウダー … 4g

塩 … 4g

ココナツミルク (ココナツミルクパウダー25gを
　ぬるま湯75gで溶いたものでも可) … 100g

シーフードミックス … 60g

香菜 (みじん切り、お好みで) … 4g

SPICE
スパイス

シンプル
パウダー

作り方

1 フライパンに油、玉ねぎ、にんにく、生姜を
入れて中火にかけ、炒める。玉ねぎがしんな
りしたらトマトも加えて炒める。

2 トマトが崩れてペースト状になってきたらシ
ンプルパウダーと塩を加え、全体が馴染んで
スパイスの香りが立つまで炒める。

3 ココナツミルクを加えて沸騰したらシーフード
ミックスを加え、火が通るまでさっと煮る。仕
上げにお好みで香菜を加えてから火を止める。

シンプルパウダーに さらにスパイスをプラスする

シンプルパウダーに、さらにスパイスをプラスすることで
もっと味わい豊かなスパイスに。ミックススパイスの
バリエーションを増やしていきましょう。

1種類加えるだけでカレーの味が変わる

ンプルパウダーにもう1種類、別のスパイスをプラスするテクニックを紹介します。

シンプルパウダーは、それ自体でバランスの取れたミックススパイスですが、構成する各スパイスは、クミンを除けば香りが比較的おとなしめのものばかりです。そのため素材との相性を選ばず汎用的に用いることができるのですが、カレー用のスパイスとしては、目指す味わいによっては若干インパクト不足に感じられることもあるでしょう。そこでもう1種類、個性が強めなスパイスを加えることによって、より印象的でなおかつ多彩なカレーに展開することができるというわけです。

追加するスパイスは、大きく分けて2系統あります。1つは「**別のミックススパイスを追加する**」。もう1つは「**単体のスパイスを追加する**」。それぞれについて見ていきましょう。

インド料理を代表するミックススパイスである**ガラムマサラ**は、最も基本的

かつ効果的な追加スパイスです。詳しくは右ページをご覧ください。シンプルパウダー＋ガラムマサラで、「いかにも」インドカレーらしい味わいが、あっという間に演出できます。

少し意外かもしれませんが、**カレー粉**も追加スパイスとしてなかなかの実力を発揮するミックススパイスです。

これらのミックススパイスはあらかじめバランスが整ったスパイスですので、ある意味気軽に使うことができます。しかし、単体スパイスを追加する場合は少し注意が必要です。**ブラックペッパー**や**カルダモン**は多少多く入れてもさほど問題はありませんが、**クローブ**や**シナモン**あたりは、少しでも入れすぎるとあっという間に全体のバランスが崩壊します。そのためこちらは、複数を同時に使用するという方向性もあります。それを発展させると、最終的には「自家製ガラムマサラ（P60）」に至ります。自家製ガラムマサラについては、また少し後のセクションで詳しく触れていきます。

イナダのつぶやき

コリアンダー、クミン、チリ、ターメリックが四天王とすれば、カルダモン、クローブ、シナモン、ブラックペッパーは闇の四天王。一つ一つの破壊力が極めて高く、少しでも使い方を誤ると理のバランスは失われ、その力は暴走して世界を取り返しのつかない崩壊へと導く。

プラスするスパイスはこれだ

間違いの無い味わいに ガラムマサラ

ガラムマサラというスパイスは、単一のスパイスではなく複数の
スパイスがミックスされたもの。比較的個性の強いスパイスが中
心のミックスだが、それが最初からバランス良く配合されている
ので、シンプルパウダーと合わせることで間違いの無い味わいに
なる。

大化けする カレー粉

なぜここにカレー粉が？　と思われるかもしれな
いが、カレー粉はガラムマサラにも負けず劣ら
ずの優秀なミックススパイス。もちろんカレー
粉単体ではあまりインドカレーには合わないが、
シンプルパウダーと組み合わせることで大化け
する。

本格的にしたいなら カルダモン

スパイスの女王とも言われるカルダモン。そ
の爽やかで高貴な香りは、カレーにおける最
重要スパイスのひとつ。これが入るだけで一
気に「本格的」な味わいに。非常に存在感の大
きいスパイスだけに、他のスパイスとのバラ
ンスが重要。

辛味に厚みが出る ブラックペッパー

ブラックペッパーは、香りはとても豊かで食べ
づらいクセは無く、気軽に使いやすいスパイス。
チリほどではないが辛味もあるので、シンプル
パウダーと合わせて使うことで、辛味の要素が
より重層的になる。

インドカレー感を出すなら その他

クローブ、シナモン、フェンネル、フェヌグリーク、
ナツメグ、といったあたりがインドカレーによく使
われるスパイス。クローブやナツメグなどは少量で
効き、入れすぎるとあっという間にバランスが崩れ
るので要注意。

まとめ ▶ シンプルパウダー＋αでカレーはキマる。

6ボックス・メソッドを使って ミックススパイスを作ろう

ミックススパイスを作る時に役立つ配合方法
「6ボックス・メソッド」。
これを使えば、簡単にミックススパイスが作れます。

簡単にミックススパイスが作れるメソッド

「シンプルパウダーに他のスパイスをプラス」と言われても、何をどのくらいプラスすればいいのか困惑するかと思います。しかしご安心ください！ 絶対に失敗しない配合方法をここでお伝えします。それが「6ボックス・メソッド」です。

「6ボックス・メソッド」とは、6つに仕切った箱の枠それぞれにスパイスを同じ量ずつ入れてミックススパイスを作る方法です。まずはシンプルパウダーで使った4つのスパイスをそれぞれの枠に入れます。次に残りの2つの枠にP47で紹介したシンプルパウダーにプラスするスパイスをはめていき、これを基本の型にしましょう。

6ボックスメソッドの基本

コリアンダー パウダー 1g	クミン パウダー 1g	その他の スパイス A 1g
ターメリック パウダー 1g	チリペッパー パウダー 1g	その他の スパイス B 1g

6つに仕切った箱のそれぞれの枠にシンプルパウダーで使った4つのスパイス（コリアンダーパウダー、クミンパウダー、ターメリックパウダー、チリペッパーパウダー）を1gずつ入れる。残りの2枠にその他のスパイスA、Bを1gずつ入れる。全体量でカレー2人分となる。

ルール1
その他のスパイスA、Bは同じものでもかまわない。

ルール2
枠を全て使い切る必要は無い。

イナダのつぶやき
市販のガラムマサラはメーカーごとに風味が違うので、好みを見つけるのも大事。例えばS&Bは日本人好みのカルダモン主体に辛味も少々、マスコットはクラシックでどっしりした風味です。

6 ボックス・メソッドの展開例

ベーシックなカレー粉に

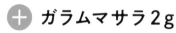

＋ ガラムマサラ2g

コリアンダー パウダー 1g	クミン パウダー 1g	
ターメリック パウダー 1g	チリペッパー パウダー 1g	ガラムマサラ 2g

その他のスパイスをガラムマサラだけで埋める。ガラムマサラはミックススパイスなので、実際はその他のスパイスA、Bの部分が細かく分かれて各スパイスに割り振られていることになる。最もベーシックな配合。
（カレーレシピ→P52）

スパイスを強く感じさせる

＋ カルダモンパウダー1g／
　 ブラックペッパーパウダー1g

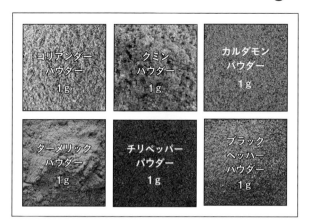

コリアンダー パウダー 1g	クミン パウダー 1g	カルダモン パウダー 1g
ターメリック パウダー 1g	チリペッパー パウダー 1g	ブラック ペッパー パウダー 1g

ガラムマサラよりスパイスの種類は減っているのに、なぜかこちらの方がスパイス感を強く感じるはず。スパイスは数を絞った方がむしろスパイシーに感じられるケースがあり、これはその良い例。
（カレーレシピ→P53）

➕ フェンネルパウダー1g／フェヌグリークパウダー0.5g

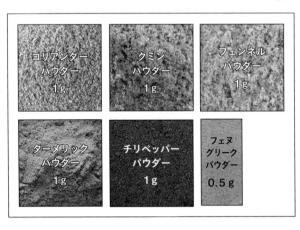

野菜やシーフードのカレーを作る時の配合。これらのカレーは肉系とは違い、カルダモンやクローブ、ガラムマサラなどは使わないか使ってもごく控えめにする必要がある。
（カレーレシピ→P54）

カレー粉でネパール風に

➕ カレー粉2g

カレー粉をガラムマサラ的に用いる使い方。カレー粉に多く含まれるフェヌグリークが個性を演出し、全体としてネパールカレーを思わせるような香りとも言える。
（カレーレシピ→P55）

お好みの
カレー粉でOK

イナダのつぶやき

「市販のカレー粉」はスパイス料理の文脈で言うとかなり個性的。逆に言うと、カレー粉を超個性的なガラムマサラの一種として使うと、インド料理の文脈だけでは到達しづらいオリジナリティを持つものが作れます。

"効く"スパイスを足してみる

➕ ガラムマサラ1g／
ブラックペッパーパウダー1g

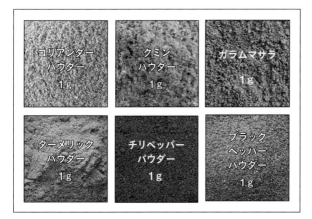

ガラムマサラのバランス感を活かしながら、単体スパイスで個性を出す。ブラックペッパーパウダーを他のスパイスにも応用できるが、クローブやナツメグなど効きの強いスパイスは0.5g程度までに抑える方が良い。

失敗知らずのオリジナルスパイス

➕ いろんなスパイスをちょっとずつ

実はこんなのもアリ。大きく失敗することは無いし、偶然素晴らしいミックスが生まれるかもしれない。

まとめ ▶ 6ボックス・メソッドで、
▶ オリジナルカレーも自由自在。

基本のビーフカレー

ガラムマサラを軸とする華やかな香りで
ご馳走感のあるカレーに仕上がります。
牛肉は安くて柔らかい、アメリカ産肩ロースステーキ肉がおすすめです。

SPICE
スパイス

シンプル
パウダー

ガラムマサラ

材料 （2人前）

サラダ油 … 30g
玉ねぎ（ケララ切り）… 120g
にんにく（すりおろしまたはみじん切り）
　… 4g
生姜（すりおろしまたはみじん切り）… 4g
牛肉角切り … 200g
Ａ｜シンプルパウダー … 4g
　｜ガラムマサラ … 2g
　｜塩 … 4g
水 … 100mℓ
トマト（ざく切り）… 80g
ヨーグルト … 30g

作り方

1　デジタルスケールの上に鍋をのせ、
　油、玉ねぎ、にんにく、生姜をそれ
　ぞれ入れて計量する。

2　1の鍋を中火にかけ、玉ねぎがしん
　なりするまで5分ほど炒める。牛肉、
　Ａを加え、全体を混ぜながら肉の表
　面の色が変わるまで炒める。

3　水とトマトを加え、沸騰したら蓋を
　して弱火で30分煮込む。肉がやわ
　らかくなったら、鍋中重量を400g
　弱に合わせ、よく攪拌したヨーグル
　トを加える（仕上がり重量400g）。

イナダのつぶやき

キーママタルを発明した人と若竹煮を発明した人はどちらも人類最高クラスの天才だと思う。
個人的には冷凍グリンピース（マタル）は缶詰のものより十分おいしいと思います。

キーママタル

キーマカレーにはエッジの立ったスパイスがよく合います。
このレシピではあえてスパイスの種類を絞ることで
カルダモンの個性をはっきりと出します。

材料 (2人前)

サラダ油 … 15g
鶏モモ挽き肉 … 200g
玉ねぎ (ケララ切り) … 120g
にんにく (すりおろしまたはみじん切り) … 4g
生姜 (すりおろしまたはみじん切り) … 4g
A　シンプルパウダー … 4g
　　カルダモンパウダー … 1g
　　ブラックペッパーパウダー … 1g
　　塩 … 4g
水 … 50㎖
トマト (ざく切り) … 80g
グリーンピース (冷凍) … 50g

作り方

1　鍋に油を中火で熱し、鶏モモ挽き肉を炒め、火が通ったら玉ねぎ、にんにく、生姜も加えて炒める。

2　玉ねぎがしんなりしたら、Aを加えて香りが立つまで炒める。水とトマトを加え、沸騰したら蓋をして弱火で10分煮込む。

3　グリーンピースを加え、時々混ぜながら水分を飛ばす (仕上がり重量400g)。

SPICE
スパイス

シンプル
パウダー

カルダモン
パウダー

ブラック
ペッパー
パウダー

サバ缶カレー

サバ缶の旨味で短時間でも驚くほどコク深く仕上がります。
肉系のカレーとは全く異なる、
フィッシュカレーならではのスパイスの配合です。

SPICE
スパイス

シンプル
パウダー

フェンネル
パウダー

フェヌグリーク
パウダー

材料 （2人前）

サラダ油 … 30g
玉ねぎ（ケララ切り）… 120g
にんにく（すりおろしまたはみじん切り）
　… 4g
生姜（すりおろしまたはみじん切り）… 4g
トマト（小角切り）… 80g
A｜シンプルパウダー … 4g
　｜フェンネルパウダー … 1g
　｜フェヌグリークパウダー … 0.5g
　｜塩 … 2g
サバ水煮缶 … 1缶（190g）

作り方

1 デジタルスケールの上にフライパンをのせ、油、玉ねぎ、にんにく、生姜をそれぞれ入れて計量する。
2 1のフライパンを中火にかけ、5分炒めた後、蓋をして弱火で5分蒸し煮する。
3 トマトを加え、煮崩れてペースト状になるまで炒め、Aを加えて香りが立つまで炒める。
4 サバ缶を缶汁ごと加え、さっと煮込む（仕上がり重量400g）。

イナダのつぶやき　岐阜の郷土料理に「サバ缶とうふ汁」があります。
山間部は魚が入手しにくいことから、魚缶詰を使う郷土料理が結構あります。

ネパール風ポークカレー

日本のカレー粉をガラムマサラ的に使うポークカレー。
にんにくと生姜を炒めずに最後の工程でたっぷり入れるのも、
このタイプのカレーの特徴のひとつです。

材料 (2人前)

サラダ油 … 30g
玉ねぎ(ケララ切り) … 120g
豚肉角切り … 200g
A｜シンプルパウダー … 4g
　｜カレー粉(市販品) … 2g
　｜塩 … 4g
水 … 100㎖
にんにく(みじん切り) … 8g
生姜(みじん切り) … 8g
トマト(ざく切り) … 80g

作り方

1　デジタルスケールの上にフライパンをのせ、油、玉ねぎをそれぞれ入れて計量する。

2　1のフライパンを中火にかけ、玉ねぎがしんなりするまで5分ほど炒める。豚肉とAを加え、全体をよく混ぜながら肉の表面の色が変わるまで炒める。

3　水、にんにく、生姜、トマトを加え、沸騰したら蓋をして弱火で30分煮込む(仕上がり重量400g)。

SPICE
スパイス

シンプル
パウダー

カレー粉

拡張6ボックス・メソッド

拡張6ボックス・メソッドでは、
6ボックス・メソッドのシンプルパウダー部分を
調整して、理想の配合を目指します。

POWDER

シンプルパウダー部分を個別に拡張する

こまでの6ボックス・メソッドでは、シンプルパウダーの部分は常に固定の量（全て1gずつ）でしたが、実はシンプルパウダーの各スパイス（コリアンダーパウダー、クミンパウダー、ターメリックパウダー、チリペッパーパウダー）の量は個別に増やすこともできます。ただし闇雲に増やすだけでは一番重要なバランスが崩れてしまうことにもなりかねません。ここではシンプルパウダーを構成する基本のスパイスの増やし方を解説していきます。

インドの家庭でスパイスが使われる際には、その投入量は極めて感覚的です。ハカリで計量するなんてことはまず無いでしょう。傍から見るとアバウトにすら見えるかもしれません。しかし実はそれは、素材や季節、そしてその時の気分(!?)に合わせて、その都度細かく調整しているとも言えます。

これはプロのインド人の料理人でも同じです。そのため熟練料理人のいる店ほど、同じメニューでも注文するたびに味が違うなんてことが往々にしてあります。それもまたインドレストランの楽しみのひとつです。

日本人でこの境地に達するのはなかなか困難ですが、その感覚に一歩近付くためには、「拡張6ボックス・メソッド」のルールを守れば失敗することなく挑戦できます。

シンプルパウダーは言わば「最低限の要素」です。そこからシンプルパウダーの各スパイスを増量していくことが可能なのですが、その増やし方にも上限がある、ということを図式化したものが、右ページの「拡張6ボックス・メソッド」となります。

基本の4種のスパイスを増量する場合でも、追加スパイスの2（つまり2人前で2g）の部分は、その枠を越えないのがルールです。

もっともこれにもいくらでも例外はあるのですが、こちらはもう少し高度な技術になるので、後半の章で改めてその実例に触れていきます。

イナダのつぶやき　油も肉もたっぷり使うようなタイプのカレーに限っては、ターメリックの増量も実はアリ。

香りととろみがアップ

コリアンダーパウダー
の拡張

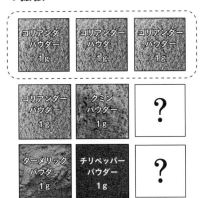

穏やかなスパイスなので、4倍まで増やしても大丈夫。香りが強まるだけでなく、カレー全体のとろみも増す。

増やしても効果なし

ターメリックパウダー
の拡張

増やしても苦味が増すだけで香りにはあまり貢献しないので、増やさない方が無難。

インドカレーらしさが出る

クミンパウダーの拡張

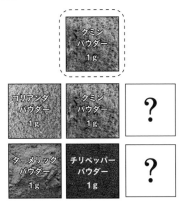

2倍まで増やせる。いかにもインドカレーらしい香りとコクがブーストできる。

辛いのがお好みなら

チリペッパーパウダーの拡張

辛いカレーがお好みの方は、最大2倍まで増やしても良い。それ以上増やしてもいいが、単なる激辛になるだけ。

> **まとめ** ▶ シンプルパウダー部分を拡張することで、より変化のある味わいを創り出せる。

スパイシーチキンカレー

増やせるものは遠慮なく増やす方針で、
シンプルながらボディ感が強いスパイシーなチキンカレーを作っていきます。
長めに炒める玉ねぎと大量のスパイスによって、全体にトロッとした仕上がりに。

材料（2人前）

サラダ油 … 30g

玉ねぎ（みじん切り）… 120g

にんにく（すりおろしまたはみじん切り）… 4g

生姜（すりおろしまたはみじん切り）… 4g

トマト（小角切り）… 80g

A｜ シンプルパウダー … 4g
　 コリアンダーパウダー … 3g
　 クミンパウダー … 1g
　 チリペッパーパウダー（お好みで）… 1g
　 ブラックペッパーパウダー … 1g
　 ガラムマサラ … 1g
　 塩 … 4g

鶏モモ肉（皮をとって一口大に切る）… 200g

水 … 100mℓ

作り方

1　鍋に油と玉ねぎを中火にかけ、5分炒めた後に蓋をして弱火で15分蒸し煮する（途中焦げそうになったら水〈分量外〉を少しずつ加える）。

2　1の鍋ににんにくと生姜を加えてさっと炒め、さらにトマトも加え、煮崩れてペースト状になるまで炒める。

3　Aを加え、全体が馴染んで香りが立つまで炒める。

4　鶏肉を加え、表面の色が変わるまで炒める。水を加え、20分程度煮込む（仕上がり重量400g）。

SPICE
スパイス

シンプルパウダー

コリアンダーパウダー

クミンパウダー

チリペッパーパウダー

ブラックペッパーパウダー

ガラムマサラ

自家製ガラムマサラを作ろう

便利なミックススパイス「ガラムマサラ」は
自分でも作ることができます。
ここでは3つのガラムマサラの作り方を紹介します。

GARAM MASALA

ガラムマサラでバリエーションを付ける

こまでいくつかのインドカレーを作ってきて、ガラムマサラというミックススパイスの重要性と便利さは十分お分かりいただけたのではないでしょうか。

極端な話、チキンやビーフなど肉系のカレーに関しては、シンプルパウダーとガラムマサラさえあればほとんどのカレーは作れてしまいます。

しかしそこには落とし穴もあります。ガラムマサラは便利なだけに、ややもすると作るカレーが全て同じような風味になりかねないのです。

そこで前ページでは、6ボックス・メソッドを用いてそこに変化を付けていく方法をご紹介しました。このページではそこをもう一歩進めて、ガラムマサラそのものを自作してバリエーションに変化を付ける方法をご紹介していきます。

ガラムマサラとは**「個性強めのスパイスを中心に複数のスパイスをバランス良くミックスしたもの」**。ですから、その配合には無限のパターンがあります。そこで、配合の異なる複数のガラムマサラを常備しておけば、カレーのバリエーションもそれだけ広がるということになるわけです。ここでご紹介する3種類のパターンは、いずれも一般的な市販品より香り強めの配合にしてあります。

ガラムマサラの使い方には、大きく分けて、

❶基本4種のスパイス（シンプルパウダー）や香味野菜と共に調理の初期段階でしっかりオイルソテーする使い方

❷煮込みの途中もしくは仕上げ段階で直接加える使い方

の2種類があります。

調理の初期段階でオイルソテーする使い方の方が、香りを強く引き出すことができます。本書では❶の使い方を基本としていますが、マトンカレーなどの煮込み時間が長くなるカレーにおいては、加熱調理中に揮発してしまった香りを補うために、調理の最終段階で言えば「追いガラムマサラ」として使用することも有効です。

イナダのつぶやき　結局スパイスに関しては最後のガラムマサラでそのカレーの個性が決まる的な所があって、オーディオマニア的に言うならアンプのスペックましてやケーブルのクオリティなど最終出口のスピーカーの個性で全部ふっとぶ、みたいな感じ。そう考えると余り考えないのがコツ。

まずはこれを常備！ ベーシックガラムマサラ

材料（作りやすい分量）

コリアンダーパウダー … 4g
クミンパウダー … 4g
カルダモンパウダー … 4g
ブラックペッパーパウダー … 2g
クローブパウダー … 2g
シナモンパウダー … 2g

必要十分なスパイスをシンプルな割合で合わせる基本のガラムマサラ。あらゆる肉系のカレーに汎用的に使用できる。スパイスの種類をある程度絞ったこともあり、市販のガラムマサラより強めの香りになる。そのため、カレーの仕上がりはよりスパイシーで華やかなものに。

南インド風にするなら スイートガラムマサラ

材料（作りやすい分量）

シナモンパウダー … 6g
クローブパウダー … 5g
フェンネルパウダー … 5g
ブラックペッパーパウダー … 3g
カルダモンパウダー … 1g

シナモンとクローブを中心とした甘い香りのガラムマサラ。シナモンもクローブも単体で使うとクセの強いカレーになりがちなスパイスだが、それを両方多めに使うことで、クセが「対消滅」しているかのようなユニークな風味に。言わば南インド風のガラムマサラで、特にココナツミルクを使うタイプのカレーとの相性が抜群。また汁気の無い炒め煮的なカレーでも威力を発揮。

香りにインパクトを ストロングガラムマサラ

材料（作りやすい分量）

カルダモンパウダー … 8g
ブラックペッパーパウダー … 8g
フェンネルパウダー … 4g

極端にスパイスの種類を絞ることで、インパクトの強い香りに仕上げたガラムマサラ。キーマカレーなどエッジを立たせたいカレーに使用する他、仕上がったカレーにもうちょっと香りのインパクトが欲しい際、最後ちょい足しするという使い方も有効。

> **まとめ** 自家製ガラムマサラで
> カレーの世界がもっと広がる。

ラムカレー

ヨーグルトとスパイスに漬け込んだラム肉を、
しっかり色が付くまで炒めた玉ねぎと共にじっくり煮込む
リッチな味わいのカレー。ラム肉の代わりに牛肉でもおいしく作れます。

材料（2人前）

A｜ラム肉（角切り）… 200g
　　ヨーグルト … 50g
　　にんにく（すりおろしまたはみじん切り）… 4g
　　生姜（すりおろしまたはみじん切り）… 4g
　　シンプルパウダー … 4g
　　ベーシックガラムマサラ … 2g
　　塩 … 4g
サラダ油 … 30g
玉ねぎ（薄いスライス）… 120g
トマト（小角切り）… 80g
水 … 100ml

SPICE
スパイス

シンプル
パウダー

ベーシック
ガラムマサラ

作り方

1 Aの材料を合わせ、揉み込んでおく。

2 鍋に油と玉ねぎを中〜強火にかけ、玉ねぎが
しっかり色付くまで炒める。
POINT 途中から水分が飛んで揚げ焼きのようになる。

3 2の鍋にトマトを加え、形が崩れてペースト
状になるまで炒める。1を加えて肉の表面の
色が変わるまでさらに炒める。

4 水を加え、沸騰したら弱火で30分程度、肉が
柔らかくなるまで煮込む（仕上がり重量400g）。

チキンペッパーフライ

汁気の少ない「ドライタイプ」のチキンカレー。
ココナツミルクのコクとスイートガラムマサラ、ブラックペッパーパウダーの
スパイシーさが相まって、クセになる味わいです。

SPICE
スパイス

シンプル
パウダー

スイート
ガラムマサラ

ブラックペッパー
パウダー

材料 （2人前）

A 鶏モモ肉 … 300g
　にんにく（みじん切り） … 8g
　シンプルパウダー … 4g
　スイートガラムマサラ … 1g
　ブラックペッパーパウダー … 1g
　レモン汁 … 4g
　塩 … 4g
サラダ油 … 15g
玉ねぎ（ケララ切り） … 60g
ししとう（小口切り） … 2本
ココナツミルク … 60g

作り方

1 Aの材料を合わせておく。
2 鍋に油、玉ねぎ、ししとうを中火に
　かけ、炒める。
3 玉ねぎにだいたい火が通ったら1を
　加えて炒める。
4 鶏肉の表面に火が通ったらココナツ
　ミルクを加えて蓋をして弱火で10
　分蒸し煮する。
5 蓋を取って汁気がほぼなくなるまで
　煮詰める。

イナダのつぶやき

インド料理の「フライ」は揚げ物ではなく炒め物のこと。
チキンペッパーフライは豚の生姜焼き並に普及すべきと思っています。

なすビーフキーマ

ココナツミルクで風味付けする、少し変わり種のキーマカレーです。
「ビーフ」と「なす」という案外存在感の強い素材に負けないよう、
ストロングガラムマサラでくっきりとした風味に仕上げます。

材料 (2人前)

サラダ油 … 15g
牛挽き肉(または合い挽き肉) … 200g
玉ねぎ(ケララ切り) … 60g
にんにく(すりおろしまたはみじん切り) … 4g
生姜(すりおろしまたはみじん切り) … 4g
なす(小角切り) … 80g
A シンプルパウダー … 4g
　ストロングガラムマサラ … 2g
　塩 … 4g
ココナツミルク … 60g
トマト(ざく切り) … 40g

作り方

1 鍋に油と牛挽き肉を入れて中火にかけ、炒める。火が通ったら玉ねぎ、にんにく、生姜も加えて炒める。

2 玉ねぎがしんなりしたら、なすを加えてさっと炒め、さらにAを加えて香りが立つまで炒める。

3 2の鍋にココナツミルクとトマトを加え、沸騰したら蓋をして弱火で10分煮込む(仕上がり重量400g)。

SPICE
スパイス

シンプル
パウダー

ストロング
ガラムマサラ

カレー作りに欠かせない 副材料のはなし

カレー作りにはスパイスと同じくらい重要な副材料があります。
カレー作りに挑む前に、おさえておきましょう。

玉ねぎ

言わばカレーのベースとなる食材です。カットの仕方の基本は「ケララ切り」。切り方は、玉ねぎを半分に切り、さらに横半分に切ります。向きを変えてスライスします。実はこの「ケララ切り」、日本語に相当する言葉が無いのでインド料理研究家の香取薫先生が考案された言葉です。

▲ケララ切りした玉ねぎ

にんにく／生姜

カレーの風味付けにおいてはスパイスと同じくらい重要です。分類の仕方によってはこれらもスパイスとして分類されることがあります。主に、すりおろし、またはみじん切りにして使用します。GGペーストは同量のにんにく、生姜に水適量を加えてミキサーでペースト状にしたもので、常備しておくと幅広く使えて便利です。すりおろしを使うレシピでは、風味はやや劣るもののチューブで代用することもできます。

トマト

カレーに旨味と酸味を付与します。しっかり煮込む場合は大きめのざく切りに、玉ねぎなどと共に炒めてペースト状にする場合は小さめの角切りにしましょう。いずれにしても最終的には形がなくなり、カレー全体に昆布だしのような旨味が広がります。

ココナツミルク

スパイスにも負けない豊かな香りと、コク、旨味、マイルドさを付与します。ココナツミルクパウダー25gをぬるま湯75mℓで溶くと、100gのココナツミルクになります。もちろん缶詰のココナツミルクをそのまま使ってもOKです。

ヨーグルト

カレーを少しマイルドに仕上げますが、それよりも酸味やコクを増す点が重要です。煮込みの仕上げなどで用いる場合は必ず先によく攪拌して、ダマにならないようにします。

水

ほとんどのカレーでは材料を炒めた後、水を加えて煮込むことになりますが、その加えた水は最終的に全て蒸発するものと考えてください。完成したカレーに残るのは「肉や野菜などが放出したエキス分たっぷりの水分だけ」というイメージを持つことがカレー作りにおいては大変重要です。

ホールスパイスを使いこなそう

ここからは、ホールスパイス（粉に挽いていない
原形のままのスパイス）を扱っていきます。
ホールスパイスを使ったテクニックを学んでいきましょう。

WHOLE

ホールスパイスの分類

ホールスパイスは大きく2種類
に分けられます。

❶シード系ホールスパイス
（小さなホールスパイス）

クミンシードやマスタードシードなど、
小さな粒のスパイス。オイルと共に加熱
することで主に香ばしい香りを引き出し
ます。

単独で使われることも、複数を組み合
わせて使われることもあります。食感の
アクセントになるのも特徴です。

❷その他のホールスパイス
（大きなホールスパイス）

カルダモンやシナモンなどの大きめサ
イズのスパイス。極めて強い香りを持つ
ものが中心で、香ばしさよりその華やか
な揮発性の香りをオイルに移したり、水
分で煮出したりして使います。複数種類
を組み合わせて使うことが多いです。料
理完成後取り除くか、もしくは各自が食
べる時に取り出し、スパイス自体は食べ
ません。

ホールスパイスはそのほとんどがパウ
ダースパイスとしても市販されています。
香り自体は当然同じですので、その点だ
けで言えばどちらを使っても良いのです
が、ホールにはホールならではの利点が
あります。

ひとつは、ホールの方が雑味なく良い
香りだけを抽出しやすいという点です。
さらに良くも悪くも香りの出方が穏やか
になるので、入れ過ぎによる失敗のリス
クが減り、むしろ使いやすいとも言えま
す。また、パウダーよりも高温でしっか
り加熱できるので、揮発性の香りだけで
なく香ばしさも引き出せます。これはク
ミンシードやマスタードシードなどのシー
ド系スパイスにおいて特に重要です。
これらは粒のままであることによる食感
も生かすことができます。

ホールスパイスはパウダースパイスに
比べ、経時劣化しにくいため、保管上の
メリットもあります。これについては、
また別のページで詳しく触れています
（P33）。

イナダのつぶやき インドだとおもてなしの意味で高価なホールスパイスをビリヤニの上に飾ることがあります。
そう、あれは飾りなのです。もちろん食べて頂いても大丈夫ですが。

ホールスパイスを使った香りを引き出すテクニック

スパイスの香りはオイルに溶け込みやすいという特徴があります。ですので、高温のオイルと共にホールスパイスを加熱することで効率良く香りを抽出することができます。これを「テンパリング」と呼び、本格的なインドカレーでは必須のテクニックです。

オイルを使わず乾煎りすることで、香りを活性化すると共に香ばしさを付与することもあります。多くの場合はその後それをパウダーに挽いて使いますが、クミンシードなどは粒のままで使われることもあります。

食材を茹でる時や煮込む時に直接鍋に加えて煮出す方法もあり、これはスパイスの香りだけを穏やかに利用できます。

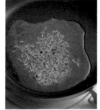

テンパリングすることで、オイルにスパイスの香りを溶かし込む。

ミルミキサーなどを使い、スパイスを粉砕することで、香りが広がる。

テンパリング

挽く

ロースト

煮出す

オーブンやフライパンで煎ることでスパイスの温度が上がり香りが強まる。

水分と共に加熱することで、香りを穏やかに抽出する。

> **まとめ** ▶ ホールスパイスには、
> ▶ 用途に応じて色々な使い方がある。

WHOLE

ホールスパイスの テンパリング

❶シード系ホールスパイス編

クミンやマスタードシードといった
シード系ホールスパイスをテンパリングする方法や、
テンパリングを使ったレシピを紹介します。

焦がさないことがコツ

ホ ールスパイスをオイルと共に加熱し、その**香りをオイルに溶かし込むのがテンパリング**です。シード系ホールスパイス（小さなホールスパイス）と、その他のホールスパイス（大きなホールスパイス）では、テンパリングのやり方やその意味合いが少し変わってくることがありますので、ここではシード系に絞って解説していきます。

テンパリングを行う際には、最終的に**しっかりとオイルの温度（目安は190℃以上）を上げる**ことが必要です。特にシード系ホールスパイスは、それが元々持っている香りを抽出するだけでなく、高温の加熱によって新たに香ばしい香りを引き出すことも重要となります。しかし同時に、過加熱で焦げやすいのもスパイ

スの特性。焦げるまで加熱すると多くのスパイスはその香りが揮発して失われてしまうだけでなく、せっかく得た香ばしい香りも単なる焦げ臭さや苦味に転じてしまいます。ですので、**温度管理とタイミングはとても重要**なのです。またその最適なタイミングは、スパイスの種類によって、あるいはどういう風味を引き出したいのかによって少しずつ異なります。とりあえずは、右ページからのそれぞれのシード系ホールスパイスのテンパリングの方法を参考にやってみましょう。

焦げる寸前まで加熱して風味を引き出すことが有効という意味では、鷹の爪（ホールチリペッパー）も同様です。そのこともあって、シード系ホールスパイスのテンパリングの際には、鷹の爪も一緒に投入されるケースが多く見られます。

> **ま** ▶ **テンパリングでスパイスの香りを**
> **と**
> **め** ▶ **オイルに溶かし込む。**

イナダのつぶやき │ 天カスはニッポンのテンパリング。

クミンシード

のテンパリング

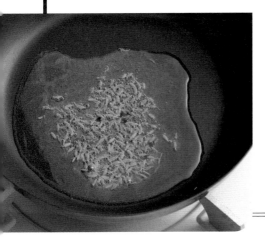

クミンシードは、加熱するとシュワシュワと泡が立ち始め、すぐに強い香りが立ちます。パウダーのものより「梅しそ」を思わせる爽やかな香りが強いです。大変焦げやすく、焦げてもなお加熱を続けると風味も飛んでしまうので注意してください。

方法

冷たいフライパンにサラダ油とクミンシードを入れ、強火〜中火にかける。シードの周囲にシュワシュワと泡が立ち始め、強い香りが立ち始めたらすぐに次の工程へ移る。

アルジラ

SPICE

クミンシード　シンプルパウダー

材料 (2人前)

じゃがいも … 200g
サラダ油 … 15g
クミンシード … 1g
生姜(粗みじん切り) … 5g
ししとう(小口切り) … 1本
シンプルパウダー … 1g
塩 … 2g
水 … 30g

作り方

1 じゃがいもは皮をむいて一口大に切り、やわらかくなるまで茹でておく。
2 フライパンにサラダ油とクミンシードを熱してテンパリングする(上記参照)。
3 2のフライパンに生姜、ししとう、シンプルパウダー、塩を加えてさっと炒める。
4 水を加え全体を馴染ませる。
5 1のじゃがいもを加え、よく混ぜながら水分を飛ばすように炒める。

マスタードシード +鷹の爪

のテンパリング

マスタードシードは、加熱しない状態ではツンとした辛味がありますが、テンパリングによってなくなります。加熱するとシュワシュワと泡が立った後、パチパチと弾け始めます。この弾ける時に一気に香ばしさが出ます。

方法

冷たいフライパンにサラダ油とマスタードシード、鷹の爪を入れ、強火〜中火にかける。シードが弾けるパチパチ音のピークが過ぎたら次の工程へ移る。

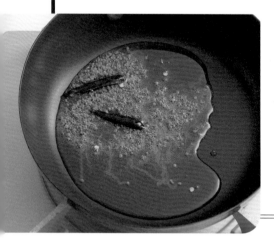

キャベツのトーレン

材料 （作りやすい分量）

サラダ油 … 10g
マスタードシード … 2g
鷹の爪 … 1本
キャベツ（太めのせん切り）… 200g
塩 … 2g
カレーリーフ（あれば）… ひとつまみ
ターメリックパウダー … 1g
ココナツファイン（なければココナツロングを少し刻む）… 20g

作り方

1 フライパンに、サラダ油、マスタードシード、鷹の爪を入れ、テンパリングする（上記参照）。

2 マスタードシードが弾けたらキャベツ、塩、あればカレーリーフを加えて炒める。

3 ターメリックパウダーを加えてよく混ぜ、蓋をしてキャベツがしんなり柔らかくなるまで蒸し煮にする。

4 ココナツファインを加えてよく混ぜる。

 イナダのつぶやき テンパリングの失敗防止には赤外線温度計が便利。220℃を超えそうになったら慌てて火を止めましょう。

フェヌグリークシード+鷹の爪、クミンシード
のテンパリング

加熱すると、香ばしさと共にメープルシロップを思わせるような甘い香りが立ちます。たいへん苦いスパイスですが、この苦味が素材の水分やグレイヴィ（カレーの煮汁）に溶け出すことで、コクに変わります。例外的にあえて焦がして使うこともあるスパイスです。

方法

冷たいフライパンにサラダ油とフェヌグリークシードを入れ、中火にかける。シードが狐色になったら、鷹の爪、クミンシードを入れ、30秒程度加熱する。

小松菜のサーグ

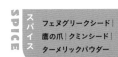

SPICE｜スパイス｜フェヌグリークシード｜鷹の爪｜クミンシード｜ターメリックパウダー

材料　（2人前）

サラダ油 … 15g
フェヌグリークシード … ひとつまみ
鷹の爪 … 1本
クミンシード … ひとつまみ
にんにく（みじん切り）… 5g
小松菜（3cm長さに切る）… 150g
ターメリックパウダー … 少々
塩 … 1g

作り方

1. フライパンにサラダ油とフェヌグリークシードを入れ、テンパリングする。
2. フェヌグリークシードの色が狐色になったら、鷹の爪とクミンシードも加え、30秒ほど加熱する（上記参照）。
3. 2のフライパンに残りの材料を全て加え、中火でじわじわと小松菜に火が通るまで炒める。

フェンネルシード

のテンパリング

アニスやスターアニスとも共通する、甘く刺激的な香りで「お香の匂い」を感じさせます。その香りはたいへん揮発しやすいので、加熱し過ぎには特に注意が必要。粒自体が食べる時に味わいのアクセントにもなります。

方法

冷たいフライパンにサラダ油とフェンネルシードを入れ、中火にかける。焦げやすいため加熱時間はごく短時間にとどめて、すぐに次の工程へ移る。

かぼちゃのサブジ

SPICE スパイス

フェンネルシード　シンプルパウダー

材料 （2人前）

サラダ油 … 15g
フェンネルシード … 1g
かぼちゃ（薄切り）… 200g
シンプルパウダー … 1g
塩 … 2g
水 … 30g

作り方

1 フライパンにサラダ油とフェンネルシードを入れ、テンパリングする（上記参照）。

2 残りの材料を全て加え、蓋をしてかぼちゃが柔らかくなるまで蒸し煮にする。

イナダのつぶやき フェンネルシードとクミンシード、最初のうちは見分けがつきにくいかもしれないけど、「緑っぽいのがフェンネル」と覚えればOK。

シードスパイスミックス
のテンパリング

複数のシードスパイスを組み合わせて使うレシピを紹介します。ここではマスタードシード、クミンシード、フェンネルシード、鷹の爪を合わせて使いますが、スパイスによって焦げやすさに差があるので、油の温度が上がりすぎないよう注意してください。

方法

冷たいフライパンにサラダ油、マスタードシード、クミンシード、フェンネルシード、鷹の爪を中火で加熱する。マスタードシードがパチパチ弾けたら次の工程へ移る。

チキンウプ

SPICE　スパイス
マスタードシード｜クミンシード
フェンネルシード｜鷹の爪
ターメリックパウダー
チリペッパーパウダー

材料 (2人前)

A
鶏モモ肉 (一口大に切る) … 300g
にんにく (粗みじん切り) … 8g
ターメリックパウダー … 1g
チリペッパーパウダー … 1g
レモン汁 … 4g

塩 … 4g
砂糖 … 2g
サラダ油 … 5g
マスタードシード … 1g
クミンシード … 1g
フェンネルシード … 1g

鷹の爪 … 2本
玉ねぎ (ケララ切り) … 60g
ししとう (小口切り) …2本
トマト (小角切り) … 80g
水 … 50ml
香菜 (みじん切り) … 4g

作り方

1 Aの材料を合わせておく。

2 フライパンに、サラダ油、マスタードシード、クミンシード、フェンネルシード、鷹の爪を入れ、テンパリングする (上記参照)。

3 マスタードシードがパチパチ弾けたら玉ねぎとししとうを加えて炒める。

4 玉ねぎにだいたい火が通ったら1を加えて炒める。

5 鶏肉の表面に火が通ったらトマトと水を加えて蓋をして弱火で10分蒸し煮にする。

6 香菜を加え、汁気がなくなるまで煮詰める。

ホールスパイスの
テンパリング
❷大きいスパイス編

カルダモンやクローブといった大きいスパイスも
テンパリングすることができます。
テンパリングの仕方とレシピを紹介していきましょう。

WHOLE

大きいスパイスは複数で使う

カルダモン、クローブ、シナモンなどの香りが特に強い大きめのホールスパイスのテンパリングは、シード系ホールスパイスとは目的が少し異なり、その揮発性の華やかな香りをオイルに溶かし込むことが目的です。

また、それぞれを単独で使うことは比較的稀で、複数を組み合わせて使います。種類が増えれば増えるほど、それぞれのクセが相殺されて使いやすくなります。これを「ホールガラムマサラ」と呼ぶことがあります。

テンパリングにおいては、**オイルをある程度熱してからそこにスパイスを加える方法と、オイルが冷たい状態からスパイスも一緒に温めていく方法**があります。本書では主に温度管理のしやすさから、後者の方法を推奨しています。ただしそこであまりゆっくり温度を上げていくことにはさほど意味はありません。オイルを加熱していくとある段階（100℃を大きく越えたあたり）から、スパイスの粒の周りにシュワシュワと泡が立ち始め、それがスパイスの風味を抽出し始めた合図となります。抽出は190℃前後で最高潮に達しますが、その状態が長く続いたり、それ以上の高温になったりすると、今度は焦げて雑味が出ると共に、せっかくの芳香が揮発してしまうリスクが出てきてしまいます。

芳香性のスパイス（主に大きいホールスパイス）の場合は特に、その後の炒めや煮込みの工程でも風味はじわじわと抽出されるということもあります。ですので、**「テンパリングの時間や温度はほどほどに」**がコツです。

テンパリングは、調理の最初の段階で行ってそこから炒めや煮込みに進んでいく「先テンパ」と、加熱終了後の料理に最後に加える「後テンパ」があります。シード系ホールスパイスでは香ばしさをより生かすために「後テンパ」も行われますが、大きいホールスパイスでは「先テンパ」が基本と考えてください。

イナダのつぶやき カレーなどに使われているホールスパイスは、食べてしまってもいいといえばいいんだけど、メースだけは絶対に後悔するのでやめておいた方がいいです。

テンパリングに使う主な大きいスパイス

カルダモンホール

カルダモンの香気成分はたいへん揮発しやすいため、ホールで扱う方がそのフレッシュな香りを活かしやすいと言えます。

クローブホール

非常に強い香りで使いすぎるとあっという間にバランスを崩してしまう点はパウダーと同じですが、ホールの方がやや穏やかな分、使いやすいとも言えます。

シナモンスティック

スリランカで主に使われるセイロンシナモンと、インドで主に使われるカシアシナモンの2種類があります。香りはやや異なるとはいえよく似ており、同じように使えます。

ベイリーフ

西洋種のローレルとカシアシナモンの葉であるカシアリーフの両方がベイリーフと呼ばれています。香りは全く異なりますが、いずれも他のスパイスよりは香りが穏やかということもあり、他とミックスして使う限りは同じように使えます。

その他

スターアニス（八角）、ブラウンカルダモン（通常のカルダモンとは別種）、メース（ナツメグの仮種皮）などがよく使われます。いずれもカルダモンやクローブなどと複数合わせて用いられ、パウダーよりも穏やかに使えます。

> まとめ ▶ **大きいホールスパイスは「先テンパ」が基本。**

チキンコルマ

カルダモン、クローブ、シナモン、ベイリーフといった「華やか系」のスパイスを、
ガラムマサラ（パウダー）の形ではなく、ホールのままテンパリングして使用します。
なめらかなテクスチャーで仕上げる、宮廷料理風のエレガントなカレーです。

材料　(4人前)

A
- 鶏モモ肉（皮を取り、一口大に切る）… 400g
- にんにく（すりおろしまたはみじん切り）… 8g
- 生姜（すりおろしまたはみじん切り）… 8g
- シンプルパウダー … 8g
- 塩 … 8g

サラダ油 … 30g〜45g
玉ねぎ（スライス）… 160g

B
- カルダモンホール（軽く潰す）… 6粒
- クローブホール … 6粒
- カシアシナモン … 1片(3g)
- ベイリーフ … 2枚

トマト（小角切り）… 80g
水 … 200g

C
- ヨーグルト … 80g
- 牛乳 … 80g
- カシューナッツ … 40g
- 砂糖 … 8g

SPICE
スパイス

カルダモン
ホール

クローブホール

カシア
シナモン

ベイリーフ

シンプル
パウダー

作り方

1 **A**の材料を合わせて揉み込んでおく。

2 鍋に油30g、玉ねぎを中火にかけ色づくまで炒めたら、油を残し、玉ねぎだけしっかり油をきって取り出しておく。

3 **2**の鍋に**B**のホールスパイスを中火で加熱する（油の量が少なそうなら最大15gまで足す）。

POINT

ホールスパイスが膨らんで、香りが立ってきたらテンパリングOK。次の工程へ。

4 **1**を加え、肉の表面に火が通るまでソテーする。

5 トマトと水を加え15分程度煮込み、鍋中を650gに合わせる。

6 ミキサーに**C**と**2**の玉ねぎを入れ、なめらかになるまで攪拌する。**5**の鍋に加え、軽く煮込んでグレイヴィにとろみが付いたら完成（仕上がり重量800g）。

ホールスパイスを
ローストしてみよう

スパイスをローストするのも
香りを高めるテクニックのひとつ。
ロースト方法には3つの種類があります。

焦げないように注意して

ローストと言うとコーヒー豆のローストを思い浮かべる方も多いと思いますが、スパイスのローストはこれとは基本的に異なります。コーヒーのローストは生豆の性質を長時間の加熱で変性させる目的がありますが、スパイスをコーヒー豆のように長時間高温に晒すのは、意味が無いどころかマイナスの効果しかありません。なぜならばそれはスパイスの持つ芳香を無駄に揮発させ、消滅させてしまうことになりかねないからです。

スパイスをローストする狙いにはいくつかありますが、その最も基本的なものは実は単なる「乾燥」です。ホールスパイスは乾燥食品ですが、ごく僅かに水分が残っています。言わば湿気ったお煎餅。「浅煎り」によってその水分を飛ばし、よりカラカラに乾燥させると、次の段階でそれをスムースに細かいパウダー状に加工しやすいということになります。

逆に言えば、封を切ったばかりの良質なスパイスであれば、ローストする必要すらありません。これが「ノンロースト」です。

とはいえ、ローストには別の効果もあります。それが香りの活性化です。マサラやテンパリングと同じで、スパイスの香りは熱によって活性化します。ただしこれは必須というわけではありません。なぜならローストして粉に挽いたスパイスは、その後調理を行う段階で結局もう一度しっかり加熱することになる場合がほとんどだからです。ローストして良い香りが立つ、ということは同時に「その時点で香りが一部逃げている」とも言えるのです。

しかしローストの度合いをさらに深めると、新たに別の香ばしさを得ることができます。こんがり焼けたトーストをイメージしてください。これが「深煎り」です。ただし焙煎を深めれば深めるほどスパイス本来の揮発性の芳香は失われます。香りの活性化の頂点と、香ばしさが強まるポイントの交差するタイミングを見極めることが重要となるのです。

イナダのつぶやき　スパイスのローストに「焙煎」という言葉を充てると、コーヒー豆との混同がさらに起こりやすく、やりすぎを招いてしまう気もする。

3種類のロースト方法

無し

加熱時間

ノンロースト

ローストせずに、買ってきたスパイスをそのまま挽きます。スパイスを開封してからあまり期間が経ってない新鮮なものであれば最も気軽な方法です。新鮮な状態で挽く限り、特に大きな欠点はありません。

浅煎り

乾かす程度に数分、軽く煎って完全に冷ましてから使います。多少鮮度が落ちていても問題無いのと、より細かく挽けることもあって、最もスタンダードな方法と言えます。挽いた時点ではノンローストよりやや香りが強いので、カレーの最終仕上げに「追いガラムマサラ」として少し足すような使い方にも向いています。

深煎り

焦げない程度にしっかり煎って、完全に冷ましてから粉に挽きます。揮発性の芳香だけではなく、そこに香ばしさも加わります。挽きたての香りの強さは抜群ですが、その分香りの抜けも早いので、早めに使い切ることが必要になります。仕上げの「追いガラムマサラ」には、特に威力を発揮します。

長い

> **まとめ** ▶ ▶ ▶ ローストの度合いが深まると、香ばしさは増すが、揮発性の香りは失われやすい。

WHOLE

ホールスパイスを
挽いてみよう

ホールスパイスは
挽くことでパウダースパイスにすることができます。
簡単にできるので試してみましょう。

フレッシュな香りが楽しめる

パウダースパイスの扱いやすさとホールスパイスのフレッシュな芳香、この両方のいいとこ取りが、ホールスパイスを自分でパウダーに挽くというテクニックです。

P60で自家製ガラムマサラについて解説しましたが、その材料を全てホールスパイスに置き換えて自分で粉に挽いたものを使えば、単にパウダースパイスを合わせたものよりさらに上の、素晴らしく鮮烈な香りとなります。正直なところ、**自分でスパイスを挽いて作ったガラムマサラの素晴らしさ**を一度知ってしまったら最後です。もはやパウダー同士を合わせたものや、ましてや市販品には二度と戻れなくなるでしょう。なお、ガラムマサラを粉に挽く前段階となるホールスパイスのローストについてはP80を参照してください。

挽きたてに優位性のあるスパイスの代表的なものがカルダモンです。もちろんカルダモンはパウダーでも十分すぎるほど強く高貴な香りのあるスパイスです

が、挽きたての鮮烈な香りはそれを圧倒的に凌駕します。コクを感じさせる重厚な風味が特徴のクミンもまた、挽きたてにはそれに加えて梅しそのようなフレッシュな風味があります。その他、あらゆるスパイスは基本的に挽きたてに軍配が上がると考えて良いでしょう。

当然ながらスパイスを挽くにはそれ用の道具が必要となります。基本的には電動ミルミキサーがおすすめです。もちろんすり鉢やペッパーミルという選択肢もありますが、少なくともカレーを作るようなスパイスの量に対しては、さすがに効率が悪すぎます。ベストを目指すなら究極は、石板と擦り石のセットや石臼ということにもなりそうですが、さすがにこれは大掛かりすぎるでしょうね。

ちなみに、挽く以外にもスパイスやハーブの香りを引き出す方法があります。それは切る、すりおろす、潰す、ちぎる、折るなどして細かくし、組織や細胞を傷つけることです。これらにより、香りを発生させることができます。

イナダのつぶやき

マジックブレットはスパイスを挽くだけでなく、GGペースト(P66)やほうれん草ペースト、カシューナッツペーストなどにも便利で、もはやインドカレー作りには必須のツール。

挽く道具

ミルミキサー

イナダおすすめ
マジックブレット

ミックススパイスを作る、調理にパウダースパイスを使う場合には、電動タイプのミルやミルミキサーを使うと手軽。通常のミキサーやフードプロセッサーではスパイスが挽けないことがあるので注意する。

スパイス
グラインダー(すり鉢)

スパイスグラインダーは、すり鉢とスパイスを潰す棒がセットになったもので、インドやネパールなどで使われている。素材には、真鍮や石、陶器なども。

ペッパーミル

料理の仕上げにスパイスを挽いてふりかける場合に使う。

挽く以外の香りを発生させる方法

切る
みじん切り、薄切り、せん切りなどに切る。
例：ガーリック、レモングラスなど

すりおろす
おろし金などですりおろす。
例：ナツメグ、ヒング(固形)など

潰す
包丁の背や瓶の底などで潰す、指で潰す。
例：ブラックペッパー、花椒など

ちぎる
フレッシュスパイスやハーブをちぎる。
例：バジル、しそなど

折る
ドライのホールスパイスを折る。
例：スターアニス、シナモンなど

ガラムマサラを
ホールから
作ってみる

P60の「自家製ガラムマサラ」は、そのままのレシピでホールから挽くガラムマサラに応用できる。香りの良さはこちらの方が圧倒的。一度知ったら最後、もう元には戻れないかも……。

まとめ ▶ スパイスを挽くとホールとパウダーの
▶ ▶ いいとこどりができる。

いろいろなミックススパイスを作ろう

ホールスパイスを自分で焙煎し、挽いて
ミックススパイスを作りましょう。

これまでのテクニックを総動員

ホールスパイスを粉に挽くことで、ガラムマサラ以外にもミックススパイスが作れます。

これから紹介するのはP80で触れた「深煎り」のものが中心。深煎りを行うことで、「香りの活性化」はほぼ終了しています。ですのでこのタイプのミックススパイスは、調理の際「炒める」という工程が不要になり、**煮込みの途中や仕上げ段階で加えるのに適しています**。香りにしても使い方にしても、パウダーを混ぜ合わせるだけでは代用にならず、まさに手作りならではのおいしさが楽しめます。

深煎りを行う際は、スパイスから少し煙が出るくらいを目安にしてください。そうなった時点でスパイスからはひときわ強い香りが立ち昇っているはずです。ただしこの時点で香りが最高潮になっているということは、後は日が経つと共に劣化し、再加熱してもそれは復活しないということでもあります。つまりこれらは、ノンローストや浅煎りのガラムマサラ等と比較して、**早めに使い切るのがベター**ということでもあるのです。

ここでは紹介しきれませんでしたが、ローストして挽くミックススパイスにスリランカのツナパハ（P139）があります。ツナパハにはノンローストもしくは浅煎りのタイプと深煎りのタイプの2種があり、前者は野菜や魚介の料理に、後者は肉料理に使われます。

ホールから作るミックススパイスとしては、西インドのパンチフォロン（P139）も重要です。クミン、マスタード、フェヌグリーク、カロンジ、フェンネルの5種類のシード系スパイスを合わせるのが一般的。これはパウダーにはせず、粒のままテンパリングの際に用います。

まとめ ▶ **ホールスパイスから作る**
▶ **ミックススパイスは楽しい。**

イナダのつぶやき コリアンダーは、シードの挽きたてとパウダーで風味がけっこう異なるスパイス。挽きたてには、ちょっと山椒を思わせるニュアンスも。

ダナジラ

コリアンダーシード（ダニヤ）とクミンシード（ジーラ）を合わせたスパイスです。コリアンダーとクミンは、ほとんどのカレーに使われるスパイスであり、特にベジタブル系のシンプルな料理においてはこれを使うことで香りがぐっと豊かになります。

材料 （作りやすい分量）

コリアンダーシード … 10g
クミンシード … 10g

作り方

フライパンもしくはオーブンでスパイスを少し色付くくらいまでしっかり深煎りする。完全に冷めたらミルミキサーで粉に挽く。

インゲンのサブジ

SPICE スパイス
ダナジラ

材料 （2人前）

サヤインゲン（3cm長さに切る）
　…100g
塩 … 1g
ギー（またはバター）… 5g
水 … 30g
ダナジラ … 1g

作り方

1　鍋に、サヤインゲン、塩、ギー、水を中火にかけ、蓋をしてインゲンに火が通るまで蒸し煮にする。
2　サヤインゲンに火が通ったら蓋を取り、水分を飛ばしながら、ダナジラを加えてさっと炒める。

ローストチリクミン

辛味を強調するミックススパイスですが、単に辛いだけでなく、香ばしさと旨味を感じる味わいです。調理の過程で使うというよりは、仕上げに混ぜたり振りかけたりして使うと効果的。極端な話、これと塩だけで味付けが完成してしまうスグレモノです。

材料（作りやすい分量）

鷹の爪 … 10g
クミンシード … 10g

作り方

フライパンもしくはオーブンでスパイスを少し色付くくらいまでしっかり深煎りする。完全に冷めたらミルミキサーで粉に挽く。

ロースト
チリクミン

ターメリック
パウダー

SPICE
スパイス

ベイガンバジ

材料

米なす … 適量
塩 … 少々
ローストチリクミン … 少々
ターメリックパウダー … 少々
マスタードオイル（またはサラダ
　油）… 適量

作り方

1　米なすを1.5cm厚さの輪切りにし、塩とスパイスをすり込んでしばらく置く。

2　フライパンに多めの油を中火にかけ、1を両面揚げ焼きする。

3　2を皿に盛り、ローストチリクミン（分量外）をお好みでふる。

イナダのつぶやき　唐辛子はこんがり色付くまで焼くと、それ自体がおいしい食べ物になる。辛さに悶絶しながらついつい食べてしまうまでがお約束。

サンバルパウダー

南インドを代表する菜食料理「サンバル」や「コランブ」に主に使うミックススパイス。これだけで各種菜食カレーを作れます。現地で使われる辛味の少ない唐辛子を韓国唐辛子で置き換えたレシピです。

材料 （作りやすい分量）

A　韓国唐辛子 (粗挽き) … 12g
　フェヌグリークシード … 5g
　チャナダル
　　(ひよこ豆挽き割り) … 6g
　ツールダル
　　(黄豆挽き割り) … 5g
ブラックペッパーホール … 4g
コリアンダーシード … 20g
クミンシード … 10g
チリペッパーパウダー
　　… 3g
ターメリックパウダー … 1g

作り方

フライパンもしくはオーブンでAを中煎りする。完全に冷めたらミルミキサーで粉に挽く。挽いた粉に残りの材料を混ぜる。

なすのトマトコランブ

マスタード
シード

サンバル
パウダー

材料 （2人前）

サラダ油 … 15g
マスタードシード … 2g
A　カレーリーフ (あれば) … 2g
　にんにく (粗みじん切り)
　　… 30g
　玉ねぎ (ケララ切り) … 60g
なす (乱切り) … 120g
サンバルパウダー … 6g
塩 … 4g
トマト (くし切り) … 160g
水 … 80g
香菜 (みじん切り)
　　… 2g

作り方

1 フライパンにサラダ油とマスタードシードを中火にかけ、テンパリングする。

2 1のフライパンにAを加えて玉ねぎがしんなりするまで炒める。

3 2に残りの材料を全て加え、なすに火が通るまで煮込む。

ラッサムパウダー

ブラックペッパーを主体とした独特なミックススパイス。基本的には「ラッサム」専用ではあるのですが、それ以外のカレーに少し爽やかな辛味のパンチを効かせたい時にも重宝します。塩と合わせ、肉にまぶして焼くのもおすすめです。

材料 （作りやすい分量）

ブラックペッパーホール … 20g
コリアンダーシード … 10g
クミンシード … 5g

作り方

フライパンもしくはオーブンでスパイスを中煎りする。完全に冷めたらミルミキサーで粉に挽く。

ラッサムパウダー

マスタードシード

SPICE スパイス

トマトラッサム

材料 （2人前）

サラダ油 … 15g
マスタードシード … 2g
鷹の爪 … 2本
にんにく（みじん切り）… 8g
カレーリーフ（あれば）… ひとつまみ
水 … 100㎖

トマトジュース（無塩）… 200㎖
ラッサムパウダー … 8g
塩 … 5g
トマト（小角切り）… 80g
香菜（みじん切り）… 4g

作り方

1 フライパンにサラダ油とマスタードシード、鷹の爪を中火にかけ、テンパリングする。
2 1のマスタードシードが弾けたら火を止めてにんにくとカレーリーフを加える。
3 余熱で火を通し、にんにくの香りが立ったら残りの材料を全て加え、再び中火にかけてひと煮立ちさせる。

イナダのつぶやき クラシックなタイプのラッサムにはトマトが入らない。つまりうま味らしいうま味がなく、ビバレッジ以上スープ未満みたいな存在。こういう飲み物を僕は「謎汁」と呼んでいます。「アイラン」「味噌湯」「ジャルジーラ」などがそれ。

チャートマサラ

他のミックススパイスとは異なり、酸味や塩味がしっかり付いたミックススパイス。主に、スナックや生野菜、フルーツなどに振りかけたりまぶして食べます。特殊な材料が必要なのでインド産の市販品を使うのがおすすめですが、あえて自作するレシピも紹介しておきます。

材料 (作りやすい分量)

A
クミンシード … 8g
コリアンダーシード … 4g
鷹の爪 … 4g
フェンネルシード … 2g
アジョワンシード … 2g
ドライミント … 2g

アムチュールパウダー … 12g
ブラックソルト … 4g
ジンジャーパウダー … 2g

作り方

フライパンもしくはオーブンで**A**を中煎りする。完全に冷めたらミルミキサーで粉に挽く。挽いた粉に残りの材料を混ぜる。

チャナチャート

SPICE スパイス
チャート
マサラ

材料 (1人前)

ひよこ豆(水煮) … 100g
紫玉ねぎ(みじん切り) … 20g
香菜(みじん切り) … 5g
レモン汁 … 5g
チャートマサラ … 5g

作り方

材料全てを混ぜ合わせる。お好みでヨーグルト(分量外)をトッピングする。

スパイスやハーブは、パンやスイーツ、ドリンク・ピクルスにも使えます。
風味を良くするのはもちろん、
食感のアクセントとしても楽しめるのがポイントです。

ハパンコルプ

フィンランドの堅焼きパンです。
そのまま、あるいはジャムやチーズと共にスナック感覚で楽しめます。
カレーのサイドディッシュにもぴったり。

材料 （2人前）

A｜ ミューズリー … 50g
｜ クミンシード、フェンネルシード、塩 … 各1g
｜ オリーブ油、ヨーグルト、水 … 各30g
全粒粉 … 80g
ベーキングパウダー … 1g
オリーブ油、オレガノ、
キャラウェイシード（あれば）、塩 … 各適量

※ミューズリーは、オーツ麦フレーク、オートミール、
ひまわりの種、かぼちゃの種、ごまが入ったものを使用。

作り方

1 オーブンを160℃に予熱しておく。ボウルに
　Aを入れ、混ぜ合わせる。
2 1のボウルに全粒粉、ベーキングパウダーを
　合わせてふるい入れ、さっくり混ぜてひとま
　とめにする。
3 2を大きめに広げたラップで挟み、綿棒で丸
　く広げる。
4 鉄板に3をのせ、表面にオリーブ油を塗り広
　げ、ハーブ、塩を全体に振りかける。
5 4を予熱したオーブンで15分焼く。奥と手
　前を返して150℃で10分焼く。

SPICE
スパイス

クミン
シード

フェンネル
シード

オレガノ

キャラウェイ
シード

キャロットケーキ

にんじんの風味がスパイスと溶け合い、
味わい豊かに仕上がるパウンドケーキ。

SPICE
スパイス

**シナモン
パウダー**

**クローブ
パウダー**

**ジンジャー
パウダー**

**ナツメグ
パウダー**

材料 （18×8×高さ6cmのパウンド型1台分）

にんじん … 20g
くるみ … 20g
ホットケーキミックス … 200g
卵 … 2個
砂糖 … 70g
サラダ油 … 100g
塩、シナモンパウダー … 各2g
クローブパウダー、ジンジャーパウダー、
ナツメグパウダー … 各1g
A　クリームチーズ（常温に戻す）… 100g
　　砂糖（あれば粉砂糖）… 30g
　　レモン汁 … 5g

作り方

1　オーブンを180℃に予熱しておく。
にんじんはフードプロセッサーで細
かくする。

2　くるみはオーブンで素焼きした後、
粗く刻む。

3　ボウルにA以外の材料を混ぜ合わ
せ、パウンド型に流し込む。

4　3をオーブンで40〜50分焼く。

5　ボウルにAを入れ、クリーム状に
なるまで混ぜ合わせる。

6　4の粗熱がとれたら5を上部に塗り、
お好みでくるみ（分量外）を飾る。冷
蔵庫で冷やし固める。

カルダモン風味のバナナケーキ

バナナたっぷりで、しっとり、もっちりと焼き上がるケーキ。
カルダモンの風味が爽やかです。

材料 （18×8×高さ6cmのパウンド型1台分）

A 薄力粉 … 120g
　ベーキングパウダー … 5g
B 卵 … 1個
　砂糖 … 60g
　塩 … 1g
　カルダモンパウダー … 1g
　バター（常温に戻しておく）… 50g
　ヨーグルト … 20g
　バナナ … 250g
ココナツファイン … 20g

作り方

1 オーブンを180℃に予熱しておく。
　Aを合わせてふるう。
2 Bをミキサーでなめらかになるま
　で攪拌する。
3 ボウルに、1、2、ココナツファイ
　ンを混ぜ合わせ、パウンド型に流し
　込む。
4 3を予熱したオーブンで30〜40分
　焼く。

SPICE
スパイス

カルダモン
パウダー

チャイ風味のアメリカンクッキー

ザクザクとした食感の素朴なクッキーを、
紅茶とスパイスでチャイ風味に仕上げます。

SPICE
スパイス

シナモン
パウダー
───
ジンジャー
パウダー
───
クローブ
パウダー
───
ナツメグ
パウダー

材料 （2人前）

A｜シナモンパウダー … 2g
　　ジンジャーパウダー、
　　クローブパウダー、
　　ナツメグパウダー、紅茶茶葉
　　　… 各1g
　　ブラウンシュガー … 50g
　　はちみつ … 25g
　　溶かしバター … 20g
　　卵（割りほぐす）… ½個（30g）
薄力粉 … 100g
重曹 … 3g
グラニュー糖 … 適量

作り方

1 オーブンを165℃に予熱しておく。
　ボウルにAを入れ、混ぜ合わせる。
2 1に、薄力粉、重曹をふるい入れ、
　ゴムベラでさっくり混ぜ合わせる。
3 2を30gずつ丸めて平らにし、鉄板
　に4cm間隔で並べる。生地の上にグ
　ラニュー糖をふりかける（生地が緩
　ければ冷蔵庫で冷やす）。
4 3を予熱したオーブンで7分焼く。
　奥と手前を返し、3分焼く。

ミックスベリーコンフィチュール

ベリーと相性の良い、甘い香りのスパイス3種類を合わせて使います。
そのまま軽めのジャムとしても、ソーダやお湯で割っても楽しめます。

材料 (作りやすい分量)

A｜ベリー（苺、ミックスベリー）
　　… 300g
　　砂糖 … 150g（主材料の50%）
　　レモン汁 … 15g
　　シナモンスティック … 1本（3g）
　　クローブホール … 5粒
　　スターアニスホール … 2個
レモン汁 … 15g

作り方

1 鍋にAを沸かし、沸騰したら弱火で10分煮る。
2 1を密閉瓶へ移し、粗熱が取れたらレモン汁15gを加える。

SPICE
スパイス

シナモン
スティック

クローブ
ホール

スターアニス
ホール

クミン
シード

ブラック
ペッパー
ホール

スパイス

ひよこ豆の
トルコ風ピクルス

きゅうりの
ディルピクルス

材 料 （作りやすい分量）

A ひよこ豆（水煮）… 200g
パプリカ（スライス）… 30g
玉ねぎ（スライス）… 30g
にんにく（スライス）… 15g
レモン（スライス）… 15g

B 水 … 180mℓ
酢 … 20mℓ
塩 … 10g
クミンシード … 5g
ブラックペッパーホール … 5g

作り方

保存瓶に**A**を入れ、鍋でさっと沸かした**B**をそそぎ漬け込む。

材 料 （作りやすい分量）

きゅうり（縦半分に切り、
5cm長さに切る）… 300g

A 水 … 120mℓ
酢 … 80mℓ
塩 … 10g
ディルシード … 4g

作り方

保存瓶にきゅうりを入れ、鍋でさっと沸かした**A**をそそぎ漬け込む。

SPICE スパイス

カルダモンホール

クローブホール

ブラックペッパー
ホール

ローレル

マスタードシード

ミックスピクルス

材料 （作りやすい分量）

野菜（きゅうり、カリフラワー、
セロリ、パプリカなど。
必要であればゆで、食べやすい
大きさに切る）… 300g

A 水 … 90mℓ
酢 … 90mℓ
砂糖 … 30g
塩 … 10g
カルダモンホール … 2粒
クローブホール … 2粒
ブラックペッパーホール … 6粒
ローレル … 1枚
マスタードシード … 1g

作り方

保存瓶に野菜を入れ、鍋でさっと沸
かしたAをそそぎ漬け込む。

3種のピクルス

「ひよこ豆のトルコ風ピクルス」、「きゅうりのディルピクルス」、
「ミックスピクルス」の3種のピクルス。
いずれもスパイスの風味を生かしています。

SPICE
スパイス

カルダモン
ホール

クローブ
ホール

メース

ローレル

オレンジのフルーツビネガー

甘酸っぱく爽やかなビネガードリンク。
皮のほろ苦さと個性的なスパイスで、深みのある味わいに仕上がります。

材料 （作りやすい分量）

オレンジ（輪切り）… 300g
氷砂糖 … 300g
リンゴ酢 … 300g
カルダモンホール … 6粒
クローブホール … 3粒
メース … 2g
ローレル … 2枚

作り方

密閉瓶に全ての材料を入れ、3日以上
漬け込む。

SPICE
スパイス

シナモン
スティック

スターアニス
ホール

クローブ
ホール

カルダモン
ホール

ブラック
ペッパー
ホール

スパイスウォッカ

スパイスの風味が複雑に溶け込んだスパイス酒。
ジンジャーエールやコーラなど甘味のある炭酸で割るのがおすすめです。

材料 （作りやすい分量）

シナモンスティック … 5本 (15g)
スターアニスホール … 2g
クローブホール … 1g
カルダモンホール … 1g
ブラックペッパーホール … 1g
ウォッカ … 500㎖

作り方

密閉瓶に全ての材料を漬け込む。1週
間程度で色と風味がしっかり溶け出し、
その後も徐々に濃くなっていく。濃く
なりすぎたらウォッカを継ぎ足しても
良い。

お菓子とスパイスの組み合わせの謎

スパイスはお菓子作りにも使われますが、スパイスをよく使う国では極めて限定的なスパイスしか使われません。この謎を考察してみました。

地域性という観点から見ると、お菓子とスパイスの組み合わせには興味深いものがあります。私が昔から少し不思議に思っているのは、インドでお菓子に使われるスパイスが、多少の例外を除けばカルダモン一辺倒であること。あれだけ料理に様々なスパイスを駆使する技術があるのだから、お菓子にももっと香りのバリエーションがあってもいいのでは？という疑問です。中国も同様でお菓子類におけるスパイスは極めて限定的です。

逆に料理にそれほどスパイスを多用しない現代ヨーロッパでは、シナモン、クローブ、アニスなど様々なスパイスがお菓子に使われています。一見、逆転現象が起こっているようにも見えます。

これは人類共通の傾向として「料理の世界とお菓子の世界の間には一線を引いておきたい」という気持ちがあるのではないかと私は考えています。もう少し具体的に言うと、日常的な料理を想起させるスパイスや食材を、そのままの形でお菓子に使うことは避けがち、ということです。お菓子というハレの世界にケの料理のイメージが入り込むことをなんとなく嫌う、みたいなことがどこでも起こっているのではないでしょうか。

● スパイスとパン・お菓子・ドリンクの相性表

	パン	お菓子	ドリンク
クミン	○		△
チリペッパー		△	△
コショウ	○	△	△
コリアンダー			○
ローレル		△	
シナモン		◎	◎
カルダモン		◎	△
クローブ		◎	△
ナツメグ		○	
オールスパイス		○	
スターアニス		○	△
フェンネル	○	△	
フェヌグリーク		△	
サフラン		○	
ジュニパーベリー			◎
カロンジ	◎		
アジョワン	○		
ポピーシード	◎	◎	
山椒		△	
ジンジャー	△	◎	◎
ガーリック	◎		
ローズマリー	○	○	○
タイム	△		
バジル	○		
オレガノ	△		

スパイス料理と食べればおいしさ倍増

ライスやパンのレシピ

スパイス料理に欠かせない、お供と言うべき主食たち。
作り方を紹介しておきます。

ターメリックライス

材料 （2〜3人分）

米 … 300g（2合）
ターメリックパウダー … 0.5g
塩 … 1g
バター … 10g
ベイリーフ（あれば） … 1枚
水 … 通常の炊飯の80〜90％分

作り方

炊飯器の釜に材料を全て入れ、通常モードで炊飯する。

バスマティライス

材料 （2人分）

バスマティライス
　… 200g
A｜水 … 1000㎖
　｜塩 … 5g
　｜サラダ油 … 5g

作り方

1 バスマティライスはたっぷりの水（分量外）に20分浸し、ザルで水けを切る。
2 鍋にAを入れ、沸騰させる。
3 2の鍋に1を入れ、最初は軽くかき混ぜながら8分ボイルする。
4 3をザルで湯切りし、熱いままの鍋に戻し入れ、蓋をして5分以上蒸らす。

チャパティ

材料

（2人分、4枚分）

アタ（インドの全粒粉）
　… 200g
塩 … 3g
水 … 140㎖

作り方

1 材料を全て混ぜ、生地が滑らかになるまでよく捏ねる。生地を4等分して丸め、30分以上置く。
2 1を平たく伸ばす。
3 フライパンに薄くサラダ油（分量外）をひき、少し焦げ目が付くまで片面を焼く。ひっくり返し、表面を布巾などで押し付けながら同様に焼く。

PART 3

世界は
スパイスで
あふれている

スパイスはそれぞれの国で特徴的な使われ方をします。
また、個性的なミックススパイスもあります。
様々な国のスパイス使いをのぞいてみましょう。

CHINA

中国のスパイス

唐辛子の辛さや、花椒の痺れる刺激だけじゃない。
「医食同源」の思想を象徴する、複雑なスパイスの組み合わせが
中国料理の味わいを豊かなものにします。

中国はインドと並ぶスパイス大国です。そう聞いて真っ先にイメージするのは、様々な種類の**唐辛子**を大量に使う四川料理でしょうか。四川料理では**花椒**も多用されます。花椒の痺れる刺激と唐辛子のヒリヒリする辛味が合わさった味わいは「麻辣」と呼ばれ、これこそが四川を象徴する味わいです。近年お菓子やカップ麺などの麻辣味が登場し、人気が高まっています。

　日本の中華料理にはあまりスパイスのイメージが無いかもしれませんが、本場では唐辛子や花椒以外にも様々なスパイスが使われます。その象徴のひとつが**スターアニス**でしょうか。肉類の煮込み料理を中心にあらゆる料理に使われており、日本の中華料理と本場の中国料理の違いが最も如実に出る要素のひとつかもしれません。

　意外と知られていませんが、**クミン**、**カルダモン**、**クローブ**、**シナモン**といった、インド料理と共通するスパイスも多く使われています。言うなればこれらは漢方原料でもあり、インド料理同様それらを複雑に組み合わせて使う手法はまさに「医食同源」の思想を象徴しているとも言えます。

　かつては、出張や旅行で中国を訪れた日本人が帰国して、
「本場の中華はとても食べられたものじゃなかった。中華は日本に限る！」
などとネガティブな感想を述べることが多かった気がします。油っこすぎる、とか、味付け自体はシンプル、といった理由の他に、スターアニスを始めとする慣れないスパイスの香りに馴染めなかったのも要因でしょう。

　近年では国内でも本場そのものの中国料理を楽しめる飲食店が急増していることもあり、日本人も徐々にスパイスの効いたその味わいに慣れつつあるのかもしれません。一度そのおいしさを知ってしまうと、スパイスの省かれた日本の中華料理が急につまらなく感じられるようになった、という人も少なくないのではないでしょうか。

イナダのつぶやき　四川のスパイシーな料理「水煮」。あんな真っ赤っかで油の層に覆われてどこが「水」煮だよっ、と突っ込みたくもなるけど、あれは確かに決してスープではないから、いわば「スパイス水」なんですよね。

たっぷりのオイルでスパイスの香りを引き出すのがコツ

牛肉とキノコの火鍋

材料 (2人前)

牛脂 (またはサラダ油) … 60g
鷹の爪 … 10本

A 花椒ホール … 4g
　フェンネルシード … 2g
　スターアニスホール … 2個
　シナモンスティック
　　… 1本 (3g)
　ローレル … 2枚
　クローブホール … 4粒
　カルダモンホール … 2粒
　ブラウンカルダモンホール
　　(あれば) … 1粒
　陳皮 (あれば) … 2g
　豆板醤 … 60g

にんにく (粗みじん切り) … 10g
生姜 (スライス) … 10g
白ネギ (斜め薄切り) … 50g
B 水 … 1000㎖
オイスターソース … 30g
鶏がらスープの素 (顆粒)
　… 10g
五香粉 (P139) … 2g
クコの実 … 10g
具材
(牛肉、キノコなど
　お好みで) … 適量

SPICE
スパイス
鷹の爪
花椒ホール
フェンネルシード
スターアニスホール
シナモンスティック
ローレル
クローブホール
カルダモンホール
ブラウンカルダモンホール
陳皮
五香粉

作り方

1. 鍋に、牛脂と鷹の爪を入れ、弱火にかける。
2. 鷹の爪が少し色づき始めたら、**A**の材料を加えじっくりと炒める。
3. しっかりと香りが立ったら**B**を加えて沸かす。
4. 具材を加えて煮ながらいただく。

トルコのスパイス

TURKEY

トルコ料理では、スパイスの使用量自体は控えめ。
噛み締める肉の旨味を、スパイスが引き立てるような、
そんな「洗練された」使い方が特徴です。

トルコ料理はフランス料理、中華料理と並び、世界三大料理のひとつとされています。しかしそのわりには、他のふたつに比べるとややマイナーなイメージを持たれているかもしれません。これはつまり、ヨーロッパ圏を代表するものがフランス料理であり、アジア代表が中華料理、そしてアラブ圏ではそれがトルコ料理になる、という認識によるものが影響しているのではないかと思います。

トルコを中心とする中東・西アジア一帯では、ヨーロッパともアジアとも明確に異なる食文化圏が成立しています。またそれはインド料理にも大きな影響を与えています。

そんなトルコ料理を象徴するスパイスが**クミン**です。羊肉を盛んに食べる地域ではその料理にクミンがよく使われる、というのは全世界的な傾向ですが、トルコもそのひとつ。そもそもクミンは、トルコが位置する地中海東部沿岸が原産地なのです。

トルコ料理を代表する肉料理といえばケバブ。日本では大きな肉塊を回転させながら焼き、その表面を切り出す「ドネルケバブ」が有名ですが、トルコでは金串に刺した一口大の肉や挽き肉、叩いた肉などを炭火で焼くスタイルの方が一般的で、また多くのバリエーションがあります。

そのケバブに欠かせないスパイスが、やはりクミン、そして**チリ**。他にも**クローブ**や**シナモン**、**ナツメグ**、**オールスパイス**、**オレガノ**などが使われることもあります。ただしそれらのスパイスは、インドなどの同種の料理と比べれば使われる量自体はごく控えめ。あくまで噛み締める肉自体の旨味がメインで、スパイスはそれを引き立てるちょっとしたアクセントです。

それ以外の料理にもスパイスやハーブは頻繁に、ただしやはり控えめに使われます。そのどこか洗練された使い方も「世界三大料理」たる所以と言えるのかもしれません。

イナダのつぶやき トルコ料理というのもインド料理と似たところがあって、高級ホテルで供される接待料理が外国人向けにテンプレ化されたもの、の完成度と普及度が高すぎるが故に本来の魅力に出会える機会が意外と少ないジャンルなのではないか。

たっぷりの付け合わせと共に楽しむのがトルコ流

アダナケバブ

材料 （2人前）

ラム肉（または牛肉スライス、
　叩いて粗いミンチ状にする）… 200g
玉ねぎ（みじん切り）… 60g
にんにく（みじん切り）… 5g
塩 … 3g
ブラックペッパーパウダー … 0.5g
チリペッパーパウダー… 0.5g
クミンパウダー … 0.5g
スマック（あれば）… 0.5g
付け合わせ（焼きトマト、焼きピーマン、
　サラダ、ピラフまたはピタパン、
　レモンなど）… お好みで

作り方

1　ボウルに材料全てを入れてよく
　捏ね、串に巻く。
2　フライパンに1を入れ、中火で
　全体に火が通るまで焼く。
3　皿に、2と付け合わせを盛る。

SPICE
スパイス

ブラック
ペッパー
パウダー

チリペッパー
パウダー

クミン
パウダー

スマック

チュニジアの
スパイス

アラブや地中海、アフリカ……。
北アフリカの西部に位置するチュニジアのスパイスは、
周辺地域に影響を受け、そして与えていることが窺えます。

チュニジアはイスラム国家であり、トルコなどと同様古来よりスパイスが多用されてきました。他にも豆料理やヨーグルトなど、アラブ諸国と共通する食文化が根付いています。

　同時に、オリーブ、小麦、ブドウといった地中海沿岸部ならではの農産物に恵まれ、スペイン料理やイタリア料理などとも共通性が大きく、さらには北アフリカを象徴する主食であるクスクスも重要な主食。チュニジアが古い時代から周辺地域に影響を受け、そして影響を与えてきた様が彷彿とさせられます。

　スパイス料理という面から見た場合、特筆すべきはなんと言っても**ハリッサ**（P139）でしょう。ハリッサは乾燥唐辛子にスパイスや塩を加えオリーブオイルで練ったペースト状の調味料です。スパイス系調味料の常として、肉料理に使われたり添えられたりするのが主な使い方ですが、チュニジアでは魚介や野菜料理にも使われたり、パンに塗られたりもします。まさに万能調味料ですね。このハリッサが多くの料理に使われることもあり、チュニジア料理は全般的にホットなものが多いようです。

　先住民時代からの伝統的な料理に「ショルバ」と呼ばれるスパイススープ料理があります。これは隣国リビアやアルジェリアとも共通する北アフリカの食文化ですが、同時に中東を経てパキスタンやインドにおけるスープ料理「ショルバ」とも繋がっています。チュニジアのショルバには大麦を砕いた「フリック」が入っていることが多く、スープといえどもとろりと濃厚でボリュームがあります。そこに肉や魚なども一緒に煮込まれるので、これだけで完全食とも言えます。

　栄養たっぷりでなおかつ消化も良いショルバは、ラマダン（断食）明けの食事として食べられます。パキスタンやインドのイスラム教徒の間でも、大麦と羊肉をとろとろに煮込んだスパイスシチューを断食明けに食す習慣があり、こんなところにも興味深い共通性が表れています。

イナダのつぶやき パキスタンやインドのムスリム、断食明けに「胃に優しいものを」と、肉を煮込んでギーをぶち込んだハリーム食べるんだから、悔しいけど人種の違いを思い知らされる。チュニジアの魚スープとかならまだ納得だけど。

魚とトマトの旨味を生かした、満足感のある「食べるスープ」

ショルバサマック

材料 (2人前)

押し麦 (水に30分浸す) … 50g
白身魚 … 200g
A サラダ油 … 30g
玉ねぎ (みじん切り) … 120g
セロリ (みじん切り) … 40g
キャラウェイシード … 1g
B パプリカパウダー … 6g
ターメリックパウダー … 2g
ブラックペッパーパウダー … 1g
ハリッサ (P139) … 10g
塩 … 3g
トマト (くし切り) … 160g

作り方

1 鍋に魚と水200mℓ(分量外)を入れて茹でる。魚の骨を外し、一口大にほぐしておく。

2 フライパンに**A**を入れ、中火で炒める。玉ねぎに火が通ったら**B**のスパイスを加え、香りが立つまで炒める。

3 塩、トマト、**1**の煮汁全量、押し麦を加え、柔らかくなるまで弱火で煮たら、**1**の魚を加える。器に盛り、香菜、レモンスライス、ハリッサ (全て分量外) を添える。

SPICE
スパイス

キャラウェイシード

パプリカパウダー

ターメリックパウダー

ブラックペッパーパウダー

ハリッサ

エチオピアの
スパイス

「ワット」や「アレチェ」といった
エチオピアのシチューに使われるミックススパイスには、
スパイスの香りが満ちています。

エチオピア料理は「少々クセが強い」と思われているふしがあります。そのイメージの中心にあるのが、代表的な主食である「インジェラ」でしょうか。インジェラは稲科の植物であるテフの粉を水で溶いて自然発酵させた生地を鉄板で薄く焼いたもので、発酵由来の強い酸味と独特な風味が特徴のパンです。慣れないうちは少し抵抗を感じる味かもしれません。

エチオピアでは、こうしたインジェラを始めとするパン類が重要で、地方ごとに多くの種類があります。そして、こういったパンを食べる時に欠かせないのが「ワット」と呼ばれるシチュー。基本的には手食で、パンをワットの汁に浸したり、具を包んだりして食べます。

ワットには様々な素材が使われます。牛肉をスパイシーに味付けした「シック・シック・ワット」や、その他の肉類には、羊、鶏、時にラクダ肉も使われます。またそれらの内臓も重要な食材。そんな各種のワットの中でも、鶏肉と卵を赤いソースで煮込んだ「ドロ・ワット」は代表的なエチオピア料理であり、また、最上のもてなし料理とされています。

そんなワットの味付けに欠かせないのが**ベルベレ**。大量の唐辛子を中心に、ジンジャー、カルダモン、コショウ、フェヌグリーク、ナツメグなどが複雑に配合されたペースト状のスパイス調味料です。かつては「おいしいベルベレは花嫁の条件」とも言われており、ベルベレがエチオピアの食文化でいかに重要な役割を持っていたかわかるでしょう。

エチオピアには「アレチェ」と呼ばれる辛くないシチューもあり、こちらも様々なバリエーションがあります。こちらに使われる**「ニッター・ケベ」**と呼ばれるスパイス風味の澄ましバターは、カルダモン、ジンジャー、シナモン、クローブなどをバターと共にゆっくり香ばしく加熱して作られます。辛い料理にも辛くない料理にもスパイスの香りが満ちているのは、エチオピア料理の特徴と言えるでしょう。

イナダのつぶやき インジェラにしてもドーサにしても、生地が酸っぱくなるまで発酵させてから焼く食べ物は、日本人にとって最初は身の危険すら感じてしまう味わいだが、慣れるとその酸味が無いとむしろ物足りなくなるものです。

108

唐辛子を効かせた赤いソースが特徴的な煮込み

ドロ・ワット

材料 (2人前)

骨付き鶏モモ肉 … 300g

塩 … 4g

レモン汁 … 15g

A | サラダ油 … 30g
| 玉ねぎ (みじん切り) … 120g
| にんにく (すりおろし) … 5g
| 生姜 (すりおろし) … 5g

B | パプリカパウダー … 6g
| チリペッパーパウダー … 2g
| ターメリックパウダー … 1g
| ブラックペッパーパウダー … 0.5g

水 … 200㎖

ゆで卵 … 2個

ベルベレ (P139)
　(ハリッサ〈P139〉で代用可) … 10g

トルティーヤ … 適量

香菜 … 適量

作り方

1 鶏肉に塩とレモン汁で下味を付けておく。

2 フライパンに**A**を入れ、中火で軽く色づくくらいまで炒める。

3 **B**を加えて香りが立つまで炒める。

4 **1**を加え、表面の色が変わるまで炒める。

5 水、ゆで卵、ベルベレを加え、鶏肉が柔らかくなるまで弱火で煮込む。最後、煮汁が全体に絡むよう煮詰める。

6 皿にトルティーヤをのせ、**5**を盛り、香菜を散らす。

SPICE

スパイス

パプリカ
パウダー

チリペッパー
パウダー

ターメリック
パウダー

ブラック
ペッパー
パウダー

ベルベレ

モロッコの
スパイス

モロッコ流のスパイスの使い方は、
香り高いスパイスとフレッシュハーブを、
香りの良いオイルと共に使うことにあります。

 ロッコはイスラム圏ですが、中東各国や他の北アフリカ地域ほどはトルコ料理の影響を受けていないと言われます。料理にあまりヨーグルトが使われない点や、米が重要視されないあたりにもそれが表れています。またチュニジアやエチオピアほどには唐辛子を多用せず、辛い料理が比較的少ないのも特徴と言えます。

そんなモロッコで多用されるスパイスは、**パプリカ**、**サフラン**、**クミン**、**シナモン**など。また、**パセリ**や**コリアンダー**などのフレッシュハーブも使われます。辛くはないが香り高い、というのがモロッコ流スパイス使いの特徴です。

肉や魚介、野菜をこういったスパイスやハーブ、そしてオリーブオイルやアルガンオイルといった香りの良いオイルと共にじっくり蒸し煮にするのがモロッコ料理の代表的技法のひとつ。そしてその調理に使われるのがタジン鍋です。

とんがり帽子のような蓋が特徴的なタジン鍋は、その形の可愛らしさもあって

か、一時期日本でも流行しました。しかし、「無水調理が可能でオイルもいらないヘルシーな調理器具である」点ばかりがクローズアップされた印象があります。結局、肝心のモロッコ料理そのものの魅力はそれほど知られないまま、いつしかブームが終焉。もったいないことです。

本来のタジン料理は、素材から滲み出す旨味やスパイス、ハーブ、オイルが渾然一致となった複雑な料理です。そしてその味わいを余さず味わうために、クスクスが添えられます。タジンの煮汁が染み込んだクスクスを、ふっくらと煮えた具材と共に頬ばるおいしさは、どこかカレーライスにも通じるものがあります。

モロッコ料理は、旧宗主国であるフランスの食文化にも少なからぬ影響を与えました。サラダにアレンジされたクスクスは、今ではフランス家庭料理の定番です。また街中にはモロッコ料理店も数多くあり、そこでは本場さながらの伝統料理や、フランス的にアレンジされた料理が、日常的に楽しまれています。

 イナダのつぶやき モロッコ料理レストランでの頼み方。ほとんどの国のレストランは西欧のスタイルがベースなので、人数分（＋α）の前菜・人数分の主菜・食中の飲み物が最低限の基本です。これに後、デザートや食後の飲み物を付けるか。トルコもインドも南米もこれ。

シナモンやドライフルーツの甘い香りが
羊肉の旨味の引き立て役に

ラム肉のシチュー

材料 (2人前)

サラダ油 … 15g
骨付きラム肉 … 150g
A 玉ねぎ (ざく切り) … 60g
　　にんじん (厚めのスライス) … 60g
　　にんにく (潰す) … 10g
水 … 150ml
トマトペースト … 15ml
塩 … 2g
ベイリーフ … 1枚
シナモンスティック … ½本 (1.5g)
クミンパウダー … 0.5g
コリアンダーパウダー … 0.5g
パプリカパウダー … 1g
ひよこ豆 (水煮) … 50g
デーツ (プルーンで代用可) … 20g

作り方

1 鍋に油を中火で熱し、ラム肉を焼き付け、取り出しておく。
2 1の鍋にAを入れて、さっと炒める。
3 鍋に1を戻し入れ、残りの材料全てを加え、肉が柔らかくなるまで弱火で煮込む。
4 器に3を盛り、お好みでクスクス (分量外) を添える。

SPICE
スパイス

ベイリーフ

シナモン
スティック

クミン
パウダー

コリアンダー
パウダー

パプリカ
パウダー

ポルトガルの
スパイス

幅広いスパイスに、コリアンダーリーフ……。
ポルトガルはスパイス文化が根強く息づく国だからこそ、
他国の料理にも影響を与えていました。

大 航海時代の立役者であったポルトガルには、かつての植民地からもたらされたスパイス文化が今も根強く息づいています。コショウや**バニラ**、**ナツメグ**、**クローブ**などはもちろんのことですが、**唐辛子**を使った辛味の強い料理も好まれていますし、辛味の無い唐辛子である**パプリカ**もふんだんに使われます。

また数百年にわたってポルトガルを支配したアラブ人およびムーア人の影響で、**クミン**や**シナモン**、**サフラン**なども使われています。

ポルトガル料理の大きな特徴のひとつに、ヨーロッパには珍しく**コリアンダーリーフ（パクチー）**を多用することが挙げられます。そのためか、日本人にはポルトガル料理がどこかタイ料理などの東南アジア料理にも似ているという印象を与えるようです。

実際は特別共通性があるわけでもないのですが、コリアンダー・唐辛子・にんにく、という組み合わせは、それだけで日本人にとって「エスニック」のイメージを形成するのかもしれませんね。

ポルトガル料理は、アジアや中南米など他国に与えた影響も見逃せません。例えば、豚肉の「ヴィンガドーシュ」は、豚肉を唐辛子、クミン、シナモンなどのスパイスや酢、にんにくと共に漬け込んでから柔らかく煮込んだ料理ですが、これは、フィリピン、ブラジル、インドなどにも伝わりました。

特にインドでは、いつしかよりふんだんにスパイスが使われるようになり、「ヴィンダルー」と名前も少し変化、現在では西インド・ゴア地方のご当地料理となっています。アジアからもたらされたスパイス料理がまたアジアに逆輸入されるという興味深い文化交流と言えます。

ちなみに、ヴィンガドーシュは保存食も兼ねた伝統的な家庭料理です。クリスマスなどにまとめて作り、そのまま食卓に置かれ続けることもあるそうで、どこか日本のおせち料理に通じるところもありますね。

イナダのつぶやき

ポークヴィンダルーのキャッチコピーとして「ポルトガル産まれ西インド育ち、酸っぱい奴は大体トモダチ」と書いて提出したら秒速で却下されたことがあります。

酢と唐辛子の刺激的な味わい

ヴィンガドーシュ

材料 （2人前）

豚肩ロース（大きめの角切り）… 500g
赤ワインビネガー … 100g
塩 … 4g
砂糖 … 4g
チリペッパーパウダー … 2g
パプリカパウダー … 4g
オールスパイスパウダー … 1g
クミンパウダー … 1g
ブラックペッパーパウダー … 1g
シナモンパウダー … 1g
にんにく（みじん切り）… 16g

作り方

1　材料を全て合わせ、1〜2日マリネする（できれば2日が良い）。

2　鍋に1を入れ中火にかけ、沸騰したら蓋をして弱火で30分程度煮込む。水分が足りなそうであれば水（分量外）を少しずつ加える。

3　蓋を取り、鍋中重量が330g程度（煮汁が底から1cm程度）になるまで煮詰めて火を止める。

SPICE
スパイス

チリペッパーパウダー

パプリカパウダー

オールスパイスパウダー

クミンパウダー

ブラックペッパーパウダー

シナモンパウダー

フランスのスパイス

フランスでは、スパイスよりも、
ハーブが料理に使われるイメージがありませんか。
ですが、伝統的な煮込み料理にはスパイスが用いられています。

中世以降、南アジアやスマトラ島などとの交易でスパイスが入って来始めた当初のヨーロッパでは、コショウを中心とする各種スパイスは大変な貴重品であり、言わば富の象徴でもありました。貴族たちはこぞって香辛料を求め、様々な料理にそれが使われていたのです。

しかし皮肉なことに、大航海時代が始まり香辛料の入手が容易になるにつれ、スパイスはその価値を失っていきました。同時に料理文化全体も洗練が進む中で、スパイスはかつてほどには使われなくもなっていったのです。

フランス料理においてもその流れは例外ではなく、現代はスパイスはさほど重要な存在とは言えず、新鮮な食材を主役とした料理に、**ハーブ**と共にあくまで補助的に使われるケースがほとんどです。

近年では特に、フランス料理の潮流は、あまり手を加えすぎず素材の持ち味をそのまま生かすことがますます重視される傾向です。それは、いつの時代でも自分なりの特徴を出したいと考える料理人にとってのジレンマになっている、なんて話も聞きます。

それもあってか、最近では「フュージョン料理」の文脈で、インド料理などのスパイスをフランス料理に取り入れるような流れも出てきていますが、少なくとも主流というわけではありません。

とはいえ、シャルキュトリー（食肉加工品）や伝統的な煮込み料理などにおいて、クローブやナツメグ、オールスパイスなどはやはり今でも欠かせません。それらをあらかじめミックスした**キャトルエピス**というミックススパイスも、様々な料理の下味的に用いられています。

右ページで紹介するコック・オ・ヴァンは、クラシックで家庭的な煮込み料理。煮込みの過程で赤ワインの酸味や苦味がコクに変わり、スパイスやハーブがその風味を引き立てます。もし入手できれば固く身の締まった「ひね鶏」を使うと、より味わい深く仕上がります（煮込み時間は長くかかりますが…）。

イナダのつぶやき たまたま店に寄った時、賄いカレーを味見したらびっくりするくらいおいしい欧風カレーで、どうやって作ったの!? と聞いたところ、賄い用チキンカレーに余ったコック・オ・ヴァンをぶち込みました、と。なんだかもの凄い可能性を感じるような気がしたりしなかったり。

風味を引き立てるスパイス・ハーブを使って

コック・オ・ヴァン

材料 （2人前）

サラダ油 … 10g
骨付き鶏モモ肉 … 500g
バター … 10g
A ┃ 玉ねぎ（スライス）… 120g
　　┃ にんじん（スライス）… 40g
　　┃ セロリ（スライス）… 20g
　　┃ にんにく（スライス）… 8g
赤ワイン … 350g
タイム … 2本
ベイリーフ … 2枚
ローズマリー … 少々
キャトルエピス（P138）… 1g
塩 … 5g
砂糖 … 10g

作り方

1 鍋に油を中火で熱し、鶏肉を焼き付け、取り出しておく。

2 **1**の鍋にバターを加え、**A**を中火でソテーする。

3 ワインを加え、強火で煮立てる。必要ならばアクをすくう。

4 **1**を戻し入れ、残りの材料と水（分量外）をかぶる程度足し、蓋をして30分以上煮込む。

5 鶏肉を取り出し、残りを濾して煮汁を鍋に戻す。煮汁を強火で煮詰め、火を止めてバター15g（分量外）でモンテ（乳化）し、ソースにする。器に盛り、セロリの葉を添える。

SPICE

スパイス

タイム

ベイリーフ

ローズマリー

キャトルエピス

イギリスのスパイス

C＆Bカレーパウダーの登場で、カレーが広まったイギリス。
そのブームは一度は途絶えてしまうものの、
インド系移民により、インド料理大国に変貌を遂げます。

17世紀以降、東インド会社を通じてスパイスの貿易を行ったイギリスですが、一般にカレーが広まったのは18世紀、クロス・アンド・ブラックウェル社が**C＆Bカレーパウダー**を開発・販売してから。料理ごとに様々なスパイスを使い分けるインドのスタイルがカレー粉によって簡便化されたという構図は、メキシコ料理とテクス・メクスの関係にも似ています。19世紀にはカレーは一般家庭にも浸透し、週に一度は食べられるほどだったとか。

しかしその伝統は後にいったん途絶えます。それまでイギリスの中流家庭では、日曜に牛肉などの大きな塊を焼いて、それから一週間はその焼いた肉の残り（冷残肉）をスープやシチューなど様々に活用する「サンデー・ロースト」というスタイルが定着していました。カレーもこの冷残肉料理のひとつとして重宝されたのですが、産業や社会構造が変化していく中で、このサンデー・ローストの習慣自体が廃れていったのです。

代わって台頭したのが、インド・パキスタン・バングラデシュ系移民によるカレー店。最初は持ち帰り中心の簡素な業態で、その安いのに味も良いということもあり、大流行しました。これを端緒に現在のイギリスはインドに次ぐインド料理大国となっていて、イギリス生まれのインドカレー「チキンティッカマサラ」は今や、イギリスの国民食となっています。

インド系移民がイギリスにおけるカレーの概念を一変させただけでなく、逆にイギリスのレストランのスタイルは、インド料理レストランの成立にも大きな影響を与えました。外食文化の成立が遅かったインドでは、ヨーロッパ式のフォーマットに倣った形でレストランが成立し、またそうであったがゆえにインドレストランは世界中に進出できたのです。

右ページで紹介するのは、サンデーローストの時代において定番だった家庭料理としてのカレーです。当時からライスを添えるのが一般的な食べ方です。

イナダのつぶやき　僕は度々「ミニマル料理」を提唱しています。材料と工程を限界まで最小限にする事で生まれるおいしさの提案です。イギリス料理はその体系そのものがまるごとミニマル料理と言えるかもしれません。

素朴ながらも、後を引く味わい

冷残肉のビーフカレー

材料 (2人前)

バター … 30g
玉ねぎ (スライス) … 120g
小麦粉 … 10g
カレー粉 … 4g
水 … 250㎖
コンソメの素 (顆粒) … 3g
塩 … 2g
ローストビーフ (市販品) … 150g

作り方

1 フライパンにバターと玉ねぎを入れ、中火で炒める。
2 小麦粉とカレー粉を振り入れ、さらに炒める。
3 水、コンソメ、塩を加え、とろみが出るまで軽く煮込む。
4 3にローストビーフを加え、温める程度に軽く煮込む。
5 器にご飯 (分量外) と4を盛り、みじん切りしたパセリ (分量外) を散らす。

ドイツのスパイス

実は、ドイツはヨーロッパにおけるスパイスの要所。
そのことが、ドイツ名物である「ソーセージ」作りに
深く関係しています。

ヨーロッパの中でも、ドイツには古い時代の料理文化が比較的そのままの形で残っており、特に保存食品でスパイスは欠かせないものとなっています。

ドイツ料理の代表とも言えるハムやソーセージに欠かせないスパイスは、**コショウ、クローブ、キャラウェイ、コリアンダー、ナツメグ、唐辛子、パプリカ、ジンジャー、カルダモン**など。材料、形、製造法など、地方ごとに様々なバリエーションのあるドイツソーセージですが、スパイスの配合はその特徴を形成する重要な要素のひとつです。

かつて東方から船で運ばれたスパイスは、ヴェニスを経由してドイツに集められ、そこからヨーロッパ諸国に流通していました。ドイツはヨーロッパにおけるスパイスの要所だったということです。このことがドイツでソーセージ作りが発展した理由のひとつとも言われています。

ドイツ料理を象徴するスパイスのひとつがキャラウェイでしょうか。クミンや

フェンネルと同じセリ科の植物の種子で、形状もそれらと似ていますが、もっと穏やかで甘い風味。ソーセージに用いられるだけでなく、ザワークラウトにも欠かせないスパイスです。

煮込み料理には、クローブやナツメグ、**オールスパイス、ジュニパーベリー**などが使われます。

伝統料理ではありませんが、焼いたソーセージにカレー粉入りのケチャップをかけた「カリーヴルスト」は、とてもポピュラーなストリートフード。第二次世界大戦後、イギリス兵がドイツにカレー粉をもたらしたことで広まりました。

現代ドイツにおけるスパイス料理としては、中東系を中心とする移民がもたらしたものも重要です。世界中で人気のドネルケバブ屋台の独特のスタイルは、20世紀末にドイツで完成され、そこから世界に広まったとも言われています。

右ページの「シュラハトブラッテ」は、今やオクトーバーフェストでもすっかりおなじみの料理です。

イナダのつぶやき

ドイツ料理店に行くと、じゃがいも料理を中心に食べたいものがありすぎて、ソーセージやアイスバインまでたどり着けない。言い換えれば「ドイツ料理店でソーセージ頼んだら負け」。

ドイツビールと共にどうぞ

シュラハトブラッテ

材料 （2人前）

A | 塩漬け豚肉（またはベーコン）
… 150g
ザワークラウト … 200g
白ワイン … 200mℓ
ローレル … 2枚
クローブホール … 2粒
ジュニパーベリーホール … 8粒
キャラウェイシード … 1g
フェンネルシード … 1g

じゃがいも（大きめに切る）… 150g
ソーセージ（あればレバーヴルストなど）
… 150g

作り方

1 鍋に**A**の材料を入れ、中火にかける。

2 沸いたら弱火にし、15分ほど煮たら、じゃがいもを加えて煮る。

3 じゃがいもが柔らかくなったらソーセージを加えて温める。

4 器に**3**を盛り、粒マスタード（分量外）を添える。

SPICE
スパイス

ローレル

クローブ
ホール

ジュニパー
ベリーホール

キャラウェイ
シード

フェンネル
シード

ジョージアの
スパイス

シルクロードの交易拠点であったジョージア。
各地からスパイスがもたらされたことから、
様々なジョージア料理にスパイスが使われます。

ョージアはシルクロードの要所にあり、古くから交易の拠点でした。そのため食文化においても、ヨーロッパ、西アジア、中東と様々な文化が混交すると共に、各地からスパイスももたらされました。また、肥沃な土地であり、小麦や野菜などの農産物にも恵まれ、ヨーグルトやチーズなどの乳製品の利用も盛んです。

ジョージア料理を代表する料理のひとつに「ヒンカリ」があります。これは挽き肉や玉ねぎ、にんにくなどの具を小麦粉の薄い皮で包んで蒸したものです。小籠包によく似ていると言われますが、そこには**クミン**と**チリ**を基本に、**キャラウェイ**や**スマック**といったスパイス、**コリアンダー**や**パセリ**、**オレガノ**などのハーブが加えられることも多く、ネパールの「モモ」により近い印象もあります。

日本では最近「シュクメルリ」が急に有名になりました。シュクメルリは地域や家庭ごとに様々なパターンのあるジョージア料理です。基本は鶏肉を焼いて、焼き汁と脂をたっぷりのにんにくと共にソースとする料理ですが、そこにはチリや**フェヌグリーク**、コリアンダーなどのスパイスが加えられたり、牛乳を始めとする乳製品で仕上げられたりもします。

いずれにしても、日本のチェーン店やコンビニのそれとは別物と言っていいでしょう。日本式のシュクメルリはいわばにんにく風味のクリームシチューといった趣で、あくまで米飯と合わせて食べる前提の味付けになっています。

外国の料理を日本人の好みに合わせ、なおかつ米と相性の良い味付けにするというのは、明治期の洋食や中華料理以来の日本のお家芸といったところですが、そんなスキルが令和の今こんなところでも抜かりなく発揮されたというのは、なかなか興味深い出来事です。

右ページのシュクメルリは、ジョージア料理に欠かせないコリアンダーパウダーやフェヌグリークパウダーといったスパイスと、生クリームを使った本格レシピです。

 イナダのつぶやき シュクメルリは、冷たいフライパンに鶏肉の皮目を貼りつけて塩コショウしたら、弱火で動かさず30分、ひっくり返したら3秒数えて火を止め10分放置の「30分チキン」の手法で作るとより完璧です。

本場・ジョージア式は、チキンのクリームソースがけ

シュクメルリ

材料 （2人前）

鶏モモ肉 … 300g
塩 … 3g
バター … 15g
にんにく … 20g
A｜パプリカパウダー … 1g
　｜コリアンダーパウダー
　｜　　… 1g
　｜ブラックペッパーパウダー
　｜　　… 1g
　｜フェヌグリークパウダー
　｜　　… 1g
水 … 50㎖
B｜生クリーム … 200g
　｜塩 … 1g
香菜 (みじん切り) … 5g

作り方

1 フライパンに油少量（分量外、テフロンのフライパンなら不要）をひき、鶏肉の皮目を貼り付け、塩を振って中〜弱火にかける。こんがりと焼き、7割程度火が通ったらひっくり返し、裏面も焼く。鶏肉を取り出す。

2 1のフライパンに、バターとにんにくを入れ、鍋底をこそげながら弱火で炒める。

3 にんにくが少し色づき香ばしい香りが立ったら一旦火を止め、Aを加えて全体を良く混ぜて再び中火にかける。

4 スパイスが油となじみ、良い香りが立ってきたら水を加え、鍋底をこそげながらBを加える。

5 4が温まったら、切り分けた1の鶏肉、香菜を入れ、鍋をゆすりながら全体が馴染んでソースに少しとろみがつくまで軽く煮込む。

SPICE
スパイス

パプリカ
パウダー

コリアンダー
パウダー

ブラック
ペッパー
パウダー

フェヌグリーク
パウダー

アメリカのスパイス

スパイスの重要度はあまり高いとはいえないアメリカですが、
テキサス州南部では、
独特のスパイス料理文化があります。

食 文化においてヨーロッパを主なルーツに持つアメリカでは、**コショウ**を中心に、**ナツメグ**、**クローブ**、**オールスパイス**、**シナモン**などが、古典的な肉料理や食肉加工品、あるいはデザートなどに用いられてきました。ただし、スパイスの重要度においては、全体としてそれほど高い土地ではありません。

ただし、例外的な地域があります。それはテキサス州南部です。テキサス州南部では、スペインとネイティブアメリカンの食文化が融合した独特の食文化が生まれ、さらに北アフリカをルーツとするベルベル人の食文化が流れ込み、また国境を接するメキシコ料理と相互に影響を及ぼし合う中で、「テクス・メクス」と呼ばれる独特のスパイス料理文化が成立しました。現在それは、アメリカ全土のみならず、ファストフードとして全世界に広まっています。

テクス・メクスでは、タコスやファヒータ、チリ・コン・カンといった料理が代表的で、唐辛子を中心にオレガノ、クミン、ガーリックなどを配合した**チリパウダー**と呼ばれるミックススパイスが多用されます。

このチリパウダーは、たいへんバランスが良く、汎用性の高いミックススパイスの傑作です。そのため肉類、魚介類、野菜と相性を選ばず、様々な料理に活用されており、テクス・メクスには文字通り欠かせない調味料。しかし、なまじそうであるがゆえに、本来のメキシコでは素材や料理ごとに使い分けるスパイスやハーブの組み合わせの多様性を、蔑ろにしてしまっているという批判もあるようです。

またテクス・メクスほどの広がりはありませんが、人種のサラダボウルであるアメリカでは、今日においても様々なスパイス文化が移民たちによってもたらされ続けてもいます。

右ページでは、優秀なミックススパイス、チリパウダーを使った「チリ・コン・カン」のレシピを紹介します。

イナダのつぶやき セルフのタコス屋さんで観察すると、日本人とアメリカ人では「巻き」に対する気合いが違う。日本人はちょうど生春巻きのように小綺麗に巻くが、彼らはまず皮の上いっぱいに具の山を作り、それを圧縮して無理やりなんとか巻く。

トルティーヤチップスにディップしてどうぞ

チリ・コン・カン

材料 (2人前)

オリーブ油 … 30g
玉ねぎ (みじん切り) … 240g
ピーマン (みじん切り) … 30g
にんにく (みじん切り) … 5g
合い挽き肉 … 200g
チリパウダー (P138) … 10g
塩 … 5g
水 … 200㎖
トマト缶 (カット) … 400g
キドニービーンズ (水煮) … 300g
ローレル … 1枚

作り方

1 フライパンにオリーブ油を中火で熱し、玉ねぎ、ピーマン、にんにくを炒める。
2 1に、合い挽き肉、チリパウダー、塩を加えて、さらに炒める。
3 残りの材料を加え、20分程度弱火で煮込む。
4 器に3を盛り、みじん切りにした香菜 (分量外) を散らしてトルティーヤチップス (分量外) を添える。

SPICE
スパイス

チリパウダー

メキシコのスパイス

メキシコでは、形や辛さ、風味、色などが異なる
様々な唐辛子が使い分けられ、料理に用いられています。
伝統的なソース「モレ」もそのひとつです。

メキシコ料理の根幹となっているのは、とうもろこし、豆、そして**唐辛子**です。いずれも様々な種類が料理によって使い分けられており、唐辛子も現在100種類以上あると言われています。

これらは紀元前、先住民族であるアステカ族やマヤ族以来の伝統食材です。そしてここに15世紀以降スペインからの征服者がもたらした食材や料理が融合し、発展したものが現代のメキシコ料理です。2010年にはユネスコが定める無形文化遺産にも登録されました。

スペイン人はヨーロッパやアジアから、牛肉、豚肉、玉ねぎや、にんにく、そして様々なスパイスをもたらしました。伝統的な食材とそれらを複雑に組み合わせることでメキシコ料理は大発展を遂げたのですが、これに大きな貢献を果たしたのはキリスト教寺院の修道女たちであったと言われています。

彼女たちが生み出した傑作のひとつが**モレ・ポブラーノ**。チョコレートを使ったソースです。数種類の唐辛子をブレンドし、各種のスパイスやフルーツ、ナッツ類を複雑に組み合わせ、チョコレートも加えて煮込んで作られます。そのとてもコク深くリッチで滑らかな味わいは、なぜこんな複雑かつ不思議なバランスで成り立つ料理がいきなり発明されたのか、ある種の奇跡のようにすら思えます。

モレは伝統的なソースの総称ですが、あらゆるモレには唐辛子が欠かせない存在です。形や辛さ、風味、色などが異なる様々な唐辛子が使い分けられています。生のものなのか、乾燥のものなのかでも名称が異なり、用途も変わってきます。また、それらをこんがりと焼き、スモーキーな風味を引き出して使うこともあります。

そしてそんな唐辛子は、今度はアメリカ大陸から全世界にもたらされるようになります。その各地でもやはり、唐辛子は他のスパイスや伝統的な食材と組み合わされ、様々な料理に発展していくことになるのです。

イナダのつぶやき カラムーチョの「こんなに辛くてインカ帝国」というキャッチコピーが、会議で決定した瞬間に居合わせたかった。

チョコレート・唐辛子・スパイスのなめらかな融合

鶏肉のモレ・ポブラーノ

SPICE
スパイス

鷹の爪

シナモン
スティック

クローブ
ホール

コリアンダー
パウダー

クミン
パウダー

オール
スパイス
パウダー

材料 （2人前）

鶏ムネ肉 … 300g
サラダ油 … 30g
鷹の爪 … 4本

A ｜ 玉ねぎ（みじん切り） … 120g
｜ にんにく（みじん切り） … 5g
｜ シナモンスティック
｜ 　… ½本（1.5g）
｜ クローブホール … 4粒

B ｜ コリアンダーパウダー … 1g
｜ クミンパウダー … 1g
｜ オールスパイスパウダー … 1g

C ｜ 塩 … 3g
｜ トマト（小角切り） … 160g
｜ レーズン、ピーナツ … 各15g
｜ 水 … 50mℓ

ブラックチョコレート … 50g

作り方

1 鶏肉に塩、コショウ各少々（分量外）を振り、鍋に水100mℓ（分量外）と共に入れ、蒸し煮する。蒸し汁はとっておく。

2 別の鍋にサラダ油と鷹の爪を入れ、中火にかける。

3 鷹の爪が少し焦げて色づいたら**A**を加えて炒める。

4 玉ねぎが柔らかくなったら**B**を加えて香りが立つまで炒める。

5 **C**を加えて、トマトが煮崩れるまで煮込む。

6 **5**の粗熱を取り、ミキサーにかけて滑らかになるまで攪拌する。

7 鍋に**6**を戻し、弱火にかけて温めながらチョコレートを割り入れて溶かす。**1**の蒸し汁で適度に伸ばす。

8 皿にご飯（分量外）、切り分けた**1**の鶏肉を盛り、**7**をかける。白ごまを振り、お好みでトマト、ライム、香菜（全て分量外）を添える。

ジャマイカのスパイス

ジャマイカのスパイスを語る上でキーとなるのはインド人。
彼らがもたらしたスパイスが現地料理と融合し、
新たなスタイルが形成されていきます。

ャマイカもメキシコ同様、先住民とヨーロッパ文化の混交でその食文化が発展してきました。ジャマイカを植民地支配したのはスペインとイギリスで、彼らが連れてきたアフリカ人や、その後入植したインド人や中国人もまた様々な食文化をもたらしたのです。

ジャマイカは小さな島国ですが、このように多様な人種の多様な食材や調理法が複雑に融合し、多彩で独特な食文化を持ちます。面白いところでは、かつてイギリス人がオーブンを持ち込んだため、パイやタルト、ケーキなどの焼き菓子も盛んに作られています。

伝統的な食材で言うと、やはり唐辛子は重要で、メキシコを始めとする他の中南米諸国同様、様々な唐辛子を、いろいろな料理に使い分けています。

原住民とヨーロッパ旧宗主国、そしてアフリカやアジアなどからの移民の食文化が複雑に融合した成り立ちを持ち、地場の唐辛子と世界のスパイスが出会い、豊かなスパイス料理文化が発展したのは周辺地域に共通する要素です。そのなかでもジャマイカではインドからの影響が比較的大きいという点はひとつの特徴と言えるでしょう。

ジャマイカ料理の重要な一角を成しているカリーチキンやカリーゴート（山羊）は、インドカレーそのものと言ってもいい料理です。ただし、それはかつてインド人がこの地では足らないスパイスを他のもので補ったというルーツもあり、風味には独特な部分もあります。具体的には**オールスパイス**（当地では**ピメント**と称される）が使われていたり、**スターアニス**が強めであったりという要素です。

有名なジャーク料理は、いわばたいへんスパイシーなバーベキュー。先住民が野生のイノシシを野生のハーブやスパイスと共に調理した野外料理がそのルーツとされています。そこにやはりインド人がもたらしたケバブのスパイスが融合し、今のスタイルが完成しました。今では世界中で人気のあるスパイス料理です。

 イナダのつぶやき 近所の丼専門店、焼き肉丼や親子丼、麻婆丼などが並ぶ中、唐突に「ジャークチキン丼」がメニューに加わった。一日何食売れるのか聞いてみたくてしょうがない。

肉をスパイスに漬け込んで焼くという定番の技法を使って

ジャークチキン

材料 (2人前)

骨付き鶏肉 (モモ、手羽元など)
　… 300g
玉ねぎ (すりおろす) … 60g
にんにく (すりおろす) … 5g
生姜 (すりおろす) … 5g
塩 … 5g
パプリカパウダー … 3g
オールスパイスパウダー … 2g
チリペッパーパウダー、
　ブラックペッパーパウダー、
　クミンパウダー … 各1g
ナツメグパウダー、タイム、
　クローブパウダー、
　シナモンパウダー … 各少々
酢 … 5mℓ
水 … 10mℓ

作り方

1 全ての材料を合わせ、鶏肉を丸
　1日漬け込む。
2 **1**をグリルやオーブンなどでこ
　んがりと焼く。
3 皿に**2**を盛り、ライム (分量外)
　を添える。

SPICE
スパイス

オール
スパイス
パウダー

チリペッパー
パウダー

パプリカ
パウダー

ブラック
ペッパー
パウダー

クミン
パウダー

日本のスパイス

歴史的にスパイスがほとんど使われてこなかった日本ですが、
明治時代以降はカレー粉に親しみ、
そして今、様々なスパイス文化が花開いています。

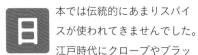

本では伝統的にあまりスパイスが使われてきませんでした。江戸時代にクローブやブラックペッパーが使われた料理書などの記録はあるようですが、一般的にはあまり広まらなかったようです。

例えば江戸時代の料理に「胡椒飯」というものがあります。これは炊いたご飯に砕いたコショウをのせてダシ汁をかけたものです。いかにもさっぱりとしておいしそうな料理ですが、伝承されることはなく絶えてしまいました。ですので、その「ダシ汁」がどのような味付けだったのかは、今となっては想像するよりほかありません。

右ページで紹介する聞きなれない料理「ひりし（南蛮料理）」は、鎖国前後に記されたとされる『南蛮料理書』より。なるべく忠実に、かつ書かれていない細部は想像で補ったレシピです。鶏肉を茹でたスープにクローブや生姜を加えて米を炊く料理なのですが、クチナシで黄色く色付けさせる点も含めてどこか「ビリヤニ」を思わせます。実際にどれくらい普及したのかはわかりませんが……。

日本でも昔から**山椒**や**唐辛子**は使われていましたが、和食自体があまり油脂を用いない料理体系であることもあり、炒めたり煮込んだりの加熱調理よりも漬物の風味原料や料理の仕上げとして主に使われてきたのも特徴です。その中で**七味唐辛子**は、仕上げに振りかけるタイプのミックススパイスとして、かなり独特な配合となっています。

明治時代以降は**カレー粉**の登場により、日本でもようやく本来の意味でのスパイスが広まり始めました。「赤缶」の愛称で親しまれているS&Bのカレー粉はその代表的なものです。独特かつバランスの良い風味は、日本人にとってカレーの原体験とも言えるものでしょう。

そして、家庭用カレールーの浸透やエスニックブームなどを経て、近年のスパイスカレーへ。現代日本においてのスパイス文化の急激な浸透ぶりには目覚ましいものがあります。

イナダのつぶやき ひりしは「美利汁」表記もあるよう。濁点が無い時代の資料なので「ビリジ」である可能性も。
南インドのビリンジと似ているが、スペインのアロスコンポヨとの共通点も多く、工程は限りなくカオマンガイや海南鶏飯。伝播の経路が謎。

見た目や味わいはむしろ現代的にも感じられる不思議な料理

ひりし（南蛮料理）

SPICE
スパイス

材料 （2人前）

A | 鶏モモ肉 … 240g
水 … 400㎖
塩 … 6g
白ネギ（ぶつ切り）… 50g
生姜（薄切り）… 10g
ブラックペッパーホール … 4粒
クローブホール … 2粒
クチナシ … 2個
日本米（洗って水をきる）
… 2合（300g）

作り方

1 鍋にAを入れ、中火にかけて、鶏肉が柔らかくなるまで15分程度茹でる。

2 1の鶏肉を取り出し、残りと米を炊飯器釜に入れる。

3 必要なら水（分量外）を加え、通常の水加減にして米を炊く。

4 器に3を盛り、食べやすい大きさに切った2の鶏肉をのせる。お好みで刻みねぎ（分量外）をのせる。

ブラック
ペッパーホール

クローブホール

クチナシ

インドネシアの
スパイス

スパイシーで辛い傾向のあるインドネシアの料理。
中でもスマトラのパダン料理は、
フレッシュハーブと共にスパイスがふんだんに用いられます。

INDONESIA

インドネシアは古来より、香辛料の国として有名です。特にモルッカ諸島はコショウを始めクローブやナツメグなどの産地であり、大航海時代はこの地への到達を目指して繰り広げられてきたと言えます。

この地にはインドや中国、あるいはヨーロッパや新大陸の食材や食文化ももたらされ、豊かな食文化が生まれました。その中でスパイスは、スープの風味付けや、肉料理、揚げ物の下味、煮込み料理など様々な用途で用いられています。唐辛子をベースに香味野菜やトラシ（蝦醬）などを加えたペースト状のチリソースである**サンバル**は、インドネシア料理には欠かせないものであり、また数多くのバリエーションがあります。料理に使われるのはもちろんですが、薬味としても常備され、またそれ自体が米飯のおかずにもなります。

インドネシアは多数の島からなる島嶼国家でもあり、また多民族国家でもあります。そのためインドネシア料理と一言で言っても、それはバリ料理、ジャワ料理、スンダ料理など様々な民族料理の集合体とも言えます。全般にスパイシーで辛い傾向はありますが、その程度も地域によります。例えばジャワ料理はヒンドゥー教や仏教の影響もあって、野菜や大豆製品が中心でスパイスも控えめです。

そんな中で特にスパイスを重視する傾向があるのはスマトラのパダン料理。インドや中東文化の影響が大きく、カレー的な料理の宝庫です。特に有名な「ルンダン」は、肉をココナツミルクで長時間煮込んで作られる、濃厚かつスパイシーなシチューです。スパイスは、**クミン**、**コリアンダー**、**シナモン**といったインドカレーとも共通する数々に加え、**レモングラス**や**コブミカン**など東南アジアならではのフレッシュハーブも使われます。

ルンダンは山羊、鶏、内臓、卵などでも作られますが、牛肉や水牛肉のそれは、特に高価で特別なご馳走です。シチューと言えども、通常は米飯と共に食べられています。

イナダのつぶやき

故・中島らも氏によると、かつてバリ島に日本から味の素が初めてもたらされた時、その年のうちにあらゆるナシゴレン屋がおいしくなった、と。

スパイスを利かせて長時間煮込む「インドネシア風ビーフシチュー」

ビーフルンダン

材料 (2人前)

A
- 玉ねぎ … 120g
- レモングラス … 1本
- にんにく、生姜 … 各5g
- カシューナッツ … 20g
- バイマックルー … 1枚

B
- コリアンダーパウダー、
  - チリペッパーパウダー、
  - ターメリックパウダー、
  - カルダモンパウダー、
  - ブラックペッパーパウダー
  - … 各1g
- シナモンパウダー … 0.5g
- ナツメグパウダー … 0.5g
- 塩 … 4g

- サラダ油 … 30g
- 牛角切り肉 … 300g
- 水、ココナツミルク… 各100㎖
- 香菜 … 4g

作り方

1 **A**をフードプロセッサーでペースト状にする。この時、必要ならば水（分量外）を足す。

2 **1**に**B**を加えてよく混ぜる。

3 鍋に油を中火で熱し、**2**を炒める。オイルが浮いて香りが立ったら牛肉を加えてさらに炒める。

4 水とココナツミルク各半量を加えて、肉が柔らかくなるまで1時間程度弱火で煮込む。煮込み途中で必要ならば水を足す。

5 肉が完全に柔らかくなったら、残りのココナツミルクと香菜を加えて水分を飛ばすように煮る。

6 器に、タイ米の飯（分量外）、**5**を盛り、ライム、香菜を添える。

SPICE

スパイス

- バイマックルー
- コリアンダーパウダー
- チリペッパーパウダー
- ターメリックパウダー
- カルダモンパウダー
- ブラックペッパーパウダー
- シナモンパウダー
- ナツメグパウダー

ベトナムのスパイス

フレッシュハーブを多用するベトナム。
一方、スパイスはと言うと、
限定的な使い方をします。

トナムはハーブ天国です。**コ
リアンダーリーフ、ベトナム
バジル、ミント、しそ、バジ
ル**、その他数えきれないほどの種類のハ
ーブは料理に使われるだけでなく、卓上
にも山と置かれます。それを料理と共に
レタスやライスペーパーに包んで食べた
り、汁物や麺類にのせたりしてモリモリ
と食べ尽くすのは、ベトナム料理ならで
はの楽しみです。

籠にわんさか気前よく盛られたハーブ
は、見たことも無い「草」が混ざってい
ることもあって、失礼ながら「その辺に
生えている雑草を適当に摘んできたので
は?」とさえ思えてしまいます。もちろ
ん決してそんなことはなく、見たことも
無いようなものも含めてそれらはそれぞ
れに特徴のある香り高いハーブです。ハ
ーブといえば少量ずつ売られている高価
なもの、というイメージのある我々日本
人にとって、それはずいぶん贅沢な光景
とも言えます。

そういったフレッシュハーブに比べて、
スパイスの使用は限定的です。**コショウ**
は世界的な生産地ということもありよく
使われますが、それ以外のスパイスはそ
れほど重要視されていない印象。ただし
中華系の料理には五香粉やスターアニス
などが用いられます。

ある時ベトナム人の青年にインド料理
でよく使われる「カシアシナモン」を見
せて、「ベトナム料理に使われることあ
る?」と尋ねてみたことがあります。植
生的にも自生していておかしくないしベ
トナム人の嗜好にも合いそうなので、使
われていないはずが無いのでは? と推
測したからです。

残念ながら返答は、料理に使われてい
るのは見たことが無い、とのことでした。
しかし彼は続けて(少し涙ぐみながら)
こんなことを教えてくれました。

「子供の頃は貧しくてお菓子なんか買っ
てもらえなかったから、庭で採れたこれ
をいつも齧ってたよ。噛み締めてると少
し甘い味がしてくるんだ」

忘れられない思い出です。

 イナダのつぶやき ベトナムの名も無きスープに、空芯菜を茹でたお湯でニョクマムを割るだけ、ってやつがあります。
カッコよくないですか?

132

フランス植民地時代の置き土産的な家庭料理

パイナップルチキンカレー

材料 （2人前）

A 鶏モモ肉 … 200g
塩 … 2g
カレー粉 … 4g
にんにく（すりおろし）… 5g
生姜（すりおろし）… 5g

サラダ油 … 15g
玉ねぎ（ざく切り）… 120g
水 … 100g
ココナツミルク … 200g

B レモングラス（スライス）… 1本
スターアニスホール … 1個
シナモンスティック … ½本（1.5g）

焼き芋（またはさつまいもの素揚げ）… 100g
パイナップル（一口大に切る）… 100g
ニョクマム（またはナンプラー）… 15g
砂糖 … 10g

作り方

1　**A**の材料を合わせ、1時間程度冷蔵庫でマリネしておく。

2　フライパンにサラダ油を中火で熱し、玉ねぎをさっと炒め、**1**も加えて鶏肉の表面の色が変わるまで炒める。

3　**2**に、水、ココナツミルク半量、**B**を加え、鶏肉に火が通るまで煮込む。

4　**3**に残りの材料を加え、全体が馴染むまで煮込む。お好みでソフトバゲットとライム（共に分量外）を添える。

SPICE

スパイス

レモングラス

スターアニス
ホール

シナモン
スティック

THAILAND

タイのスパイス

フレッシュハーブの香りが主役のタイ料理。
唐辛子もフレッシュなものがよく使われるのが特徴です。
ゲーンの中には、インドカレーに共通するスパイスが
用いられることもあります。

タイ料理は何といってもそのスパイシーで複雑な味わいが特徴ですが、実はインドほど盛んにスパイスが使われているわけではありません。というのもタイ料理においては、スパイスよりも**パクチー、スイートバジル、ホーリーバジル、バイマックルー、レモングラス**、といった**フレッシュハーブ**こそが香りの主役だからです。

唐辛子は生の**赤唐辛子**や**青唐辛子**を刻んだりすり潰したりして使われることが多いのも特徴です。小粒で辛味の強い品種が特に好まれ、その鋭角的で爽やかな辛さもタイ料理の魅力と言えます。

日本では1980年代後半に局所的なタイ料理ブームが起こり、その後、全国的にすっかり定着しました。中でも「グリーンカレー」を筆頭とする「タイカレー」は人気メニューでした。アジア料理としての本場のカレーが浸透したという意味では、実はインドカレーに先駆けていたとも言えます。当時のインドカレーは、一部のインド料理専門店を除けばあくま

でインド「風」のカレーでした。

最もタイではそれらはカレーとは呼びません。ゲーンという、ご飯のおかずとしての汁物の一種として扱われています。グリーンカレーは現地では「ゲーン・キョ・ワーン」と発音します。

とはいえ、そこには、**コリアンダーシード**や**クミンシード**も控えめながら使われています。また近年世界的に有名になったマッサマンカレーなどでは**ターメリック**や**カルダモン**、**シナモン**なども使われるなど、インドカレーとの共通性もほの見えるのが興味深いところです。

右ページでは、「ゲーン・マッサマン」のレシピを紹介します。マッサマンとはムスリム（イスラム教徒）の意味です。すっかりタイ料理化してはいますが、その中にインドカレーなどとも共通するムスリム料理らしいスパイス使いがしっかり残っているのが興味深いところ。市販のペーストを使用しつつ、ホールスパイスでそんなスパイス感を少し強調したレシピにしています。

イナダのつぶやき カレーにハマった人々はおおよそ２つのゴールに行き着く。1つはインドを中心にパキスタン、ネパール、スリランカといった南アジア限定で突き進む人と、もう1つは欧風カレーとかタイのゲーンとか日本の創作的なやつとか含めて博愛主義的に渡り歩ける人だ。

ムスリム料理らしいスパイスを使って

ゲーン・マッサマン

材料 （2人前）

A | サラダ油 … 15g
シナモンスティック … 1本（3g）
スターアニスホール … 1個
ブラックペッパーホール … 8粒
カルダモンホール、
　クローブホール … 各2粒

マッサマンカレーペースト（市販品）
　… 50g
ココナツミルク … 400g
鶏モモ肉（一口大に切る）… 240g
じゃがいも（一口大に切る）… 160g
ナンプラー … 15g
砂糖 … 10g

作り方

1 フライパンに**A**を入れ、弱火にかけて炒める。香りが立ったら、マッサマンカレーペーストを加えてさっと炒める。

2 水100㎖（分量外）、ココナツミルク、鶏肉、じゃがいも、ナンプラー、砂糖を加え、沸騰したら蓋をする。弱火にし、じゃがいもが柔らかくなるまで10〜15分程度煮込む。

3 器に**2**を盛り、トマト、香菜（共に分量外）を飾る。

SPICE
スパイス

スターアニス
ホール

シナモン
スティック

ブラック
ペッパー
ホール

カルダモン
ホール

クローブ
ホール

ミャンマーの
スパイス

ミャンマー料理は、隣国の料理に比べて
特徴が薄い印象があるかもしれません。
しかし、隣国のスパイスやハーブをうまく取り入れ、
「いいとこ取り」のような料理を作り出しています。

ャンマーはインド、中国、タイといった国々と国境を接しており、それらの食文化を複雑に取り込んでいます。現代においては、特にインド料理と中国料理に関してはほぼそのままのものや、ミャンマー風にアレンジされたものが日常的に食べられてもいるようです。

しかし同時にミャンマーならではの独特な伝統料理も数多く、発酵茶葉や納豆、ローゼルの葉、ひよこ豆の豆腐などを使った、周辺地域には類似のものがあまり無い料理が見られます。またそれらは地方ごとの差異も大きく、多数派であるビルマ料理以外にもシャン料理などの特徴的な料理があります。

スパイス料理としてのミャンマー料理を見た場合、その代表は「ヒン」と総称される、いわばカレーに相当する煮込み料理でしょう。ヒンは水分を多く残した「スィーレーイェーレー」と、水分を飛ばして油脂が表面を覆う「スィービャン」に大別されます。また素材も様々であり、

牛、豚、鶏、羊、魚介類などが使われ、日々の食卓に欠かせません。

いずれにしても煮込み料理としてのヒンは油を多用する点が特徴と言えます。全てのヒンがそうというわけでもないのですが、玉ねぎやにんにくをたっぷりの油でじっくり炒め、素材の水分が飛んで油が再び染み出したものがベースとなります。そしてこの油に肉などの素材の味わいやスパイスの色や風味がしっかりと溶け出したものがその味わいの要。北インドのカレーとも共通する、スパイスを最大限に活用する調理法と言えます。

こういった煮込み料理は、辛さやスパイス感が常に強調されるわけでもないこともあり、特徴の強い両隣のインド料理やタイ料理に比べて特徴が薄いとされることもあるようです。しかしむしろ、**インド料理と同様のスパイス**を使いつつ**レモングラス**などのハーブや**魚醤**といった東南アジア的な味わいもそこに加わる、いわば「いいとこ取り」のような部分に、個人的には強く惹かれます。

イナダのつぶやき ミャンマー料理はとにかく米が進む。ある知り合いのミャンマー人は「米が進むものは酒も進む」とニヤリとしていました。米食文化圏の酒飲みは、みんな同じようなことを言う。

スパイシーかつコクの強いチキンカレー

チェッターヒン

材料 （2人前）

A | にんにく、生姜 … 各10g
| 鷹の爪（お湯でふやかす）… 6本
| クミンシード … 2g
| コリアンダーシード … 2g
| ターメリックパウダー … 1g
| ガラムマサラ … 2g
| ナンプラー … 30g
ピーナツオイル（またはサラダ油）… 60g
玉ねぎ（薄くスライス）… 240g
骨付き鶏モモ肉 … 300g
水…100mℓ
トマト（小角切り）… 160g
ベイリーフ … 2枚
レモングラス … 2本
香菜（ざく切り）… 4g

作り方

1 ミキサーに**A**を入れ、ペースト状にする。この時、必要ならば水少々（分量外）を加える。

2 鍋にピーナツオイルを中火で熱し、玉ねぎを炒める。

3 玉ねぎが色づき、水分が飛んで揚げるような状態になったら、鶏肉と**1**を加えて炒める。

4 香菜以外の残りの材料を加え、鶏肉が柔らかくなるまで30分程度弱火で煮込む。

5 香菜を加えてさっと火を通す。

SPICE
スパイス

鷹の爪

クミンシード

コリアンダーシード

ターメリックパウダー

ガラムマサラ

ミックススパイス 配合表

各国のミックススパイスにはどんなスパイスが
配合されているのか見てみましょう。
近隣国との共通性や、他国との違いが見えてくるはずです。
また、自分でミックススパイスを作る際の参考にもなります。

ヨーロッパ

🇫🇷 キャトルエピス［フランス］

ナツメグ、クローブ、ブラックペッパー、
ジンジャー

🇫🇷 エルブ・ド・プロヴァンス ［フランス］

ローリエ、セージ、ドライタイム、バジ
ル、セイボリー、フェンネルシード、マ
ジョラム、タラゴン、ラベンダー、ロー
ズマリー

🇬🇧 カレー粉［イギリス］

ターメリック、チリペッパー、コリアン
ダー、クミン、ブラックペッパー、カル
ダモン、クローブ、シナモン、フェヌグ
リーク、カレーリーフ

🇬🇧 ピクリングスパイス ［イギリス］

ドライジンジャー、メース、コリアンダ
ー、ブラックペッパー、チリペッパー、
マスタード、オールスパイス、クローブ

アメリカ

🇺🇸 チリパウダー［アメリカ］

チリペッパー、パプリカ、クミン、ディ
ルシード、オレガノ、ガーリック、ブラ
ックペッパー、オールスパイス

🇺🇸 ラブ（バーベキュースパイス） ［アメリカ］

パプリカ、クミン、チリペッパー、ガー
リック、オニオン、ドライタイム、マス
タード、ブラックペッパー、砂糖、塩

🇺🇸 ケイジャンスパイス ［アメリカ］

チリペッパー、クミン、ドライタイム、
ガーリック、パプリカ、ドライオレガノ、
マスタード、オニオン、塩

🇯🇲 ジャークスパイス ［ジャマイカ］

オールスパイス 、チリペッパー、ブラ
ックペッパー、クミン、パプリカ、ナツ
メグ、タイム、クローブ、シナモン、オ
ニオン、塩、砂糖

　※配合されているスパイスは一例です。場合によっては他のスパイスが入っていることもあります。

アフリカ

●ワットスパイス [アフリカ全般]
ブラックペッパー、ロングペッパー、シナモン、クローブ、ナツメグ、チリペッパー、ジンジャー

ベルベレ [エチオピア]
チリペッパー、コリアンダー、クミン、オールスパイス、ビッグカルダモン、フェヌグリーク、クローブ、シナモン、アジョワン、ブラックペッパー、ジンジャー、塩

デュカ [エジプト]
クミン、コリアンダー、ブラックペッパー、ヘーゼルナッツ、白胡麻、塩

ハリッサ [チュニジア]
チリペッパー、クミン、ガーリック、キャラウェイ、パプリカ、コリアンダーシード、ミント、塩、オリーブ油

タビル [チュニジア]
コリンダー、キャラウェイ、クミン、ガーリック、チリペッパー

●ザーター [北アフリカ・中東]
タイム、スーマック、白胡麻

●ラ・カーマ [中東全般]
ブラックペッパー、ジンジャー、ターメリック、クミン、ナツメグ

アジア

五香粉 [中国]
スターアニス、花椒、フェンネル、シナモン、クローブ、陳皮

七味唐辛子 [日本]
赤唐辛子、ケシの実、陳皮、山椒、白胡麻、黒胡麻、海苔

ガラムマサラ [インド]
コリアンダー、クミン、カルダモン、ブラックペッパー、クローブ、シナモン

チャートマサラ [インド]
クミン、コリアンダー、チリペッパー、フェンネル、アジョワン、ミント

サンバル [インド]
チリペッパー、フェヌグリーク、チャナダル、ツールダル、ブラックペッパー、コリアンダー、クミン、カイエンペッパー、ターメリック

●パンチフォロン [西インド]
クミン、マスタード、フェヌグリーク、カロンジ、フェンネル

ツナパハ [スリランカ]
カルダモン、クミン、クローブ、コリアンダー、シナモン、カレーリーフ

スパイスの伝播とその歴史

スパイスはどのように全世界に広まったのか、
その始まりはいつだったのか。
スパイスの歴史について少しお話ししましょう。

中世ヨーロッパでスパイスの交易を担っていたのはイスラム商人です。イスラム教徒国家は地理的に、スパイスの原産地・主産地であるインドやインドネシアと大消費地であるヨーロッパの中間に位置していました。交易の要所を押さえていた彼らは、その流通を独占し、莫大な利益を得ていたのです。当然彼らは、商売道具としてだけでなくスパイス料理のノウハウにも長けており、周辺地域に様々な影響を与えました。中東から地中海、北アフリカ、そしてアフリカ各地にスパイスを駆使した調理法が伝えられたのです。インド料理も歴史を遡れば、土着のドラヴィダ文化と支配層がもたらしたイスラム文化が融合したものです。現代でも、インドを南下するほど土着の文化が色濃く残っています。

中国でも古来よりスパイスは多用されてきました。元々は薬用という面が強かったようです。その後も「医食同源」の思想は中国料理の根幹ともなっています。

中世ヨーロッパでは「コショウの一粒は金の一粒」と言われるほど、スパイスは高価なものでした。

ヨーロッパ人のスパイスへの希求が原動力となったのは大航海時代。イスラム商人にがっぽり中間搾取されるくらいなら自分たちが産地から直接スパイスを入手しようという実にシンプルで欲深い動機ですね。しかし、スパイス史から見ても、これには思ってもいなかった大きな余録がありました。新大陸の発見です。

新大陸からは様々な新食材がもたらされました。その中のひとつが唐辛子です。インド料理にせよ四川料理にせよ韓国料理にせよ、それまでは唐辛子が使われていなかったなんて、もはや想像することすら困難です。比較的どんな気候でも簡単に、そして大量に栽培できる唐辛子は、世界のスパイス文化を瞬く間に塗り替えました。現在、スパイス料理の中心的イメージは、唐辛子を中心にその他の各種スパイスを配合したものです。世界中で「伝統料理」として定着しているこのスタイルも、実はせいぜいこの時期に端を発しているのです。

さらにこれ以降、植民地時代の到来によりスパイス文化は世界中で混交していきます。世界中のスパイス料理が、その土地ごとの特徴を持ちつつも端々に共通する要素も見られるのは、世界で人々が行き来し始めたこの時代に様々なノウハウが共有されたからなのかもしれません。

PART 4

スパイス事典

それぞれのスパイスのことを
もっと知るための事典です。
特徴や風味、使い方、相性の良い食材などを知れば、
スパイス料理の幅が広がります。

アサフェティダ
asafetida

悪臭スレスレの強烈さ

オオウイキョウ属の植物に傷を付けて染み出す樹脂状のものを集めたスパイス。腐った玉ねぎとも形容される独特すぎる風味は、悪臭と言っても過言ではないが、少量を使用することで料理の味わいにコクと奥行きを与える。

DATA

科　名	セリ科
別　名	ジャイアントフェンネル、アギ、ヒング
原産地	北アフリカ
利用部位	樹脂、葉、茎
使用形状	パウダー

POINT

油でしっかり加熱することで、多少クセが減り、にんにく（P145）のような旨味が引き出せる。

column

アサフェティダと幻のスパイス「シルフィウム」

　かつて地中海沿岸では「シルフィウム」というスパイスが珍重され、銀と同等の高額で取引されていました。シルフィウムは、北アフリカの限られた地域でしか育たないセリ科のハーブで、その樹脂を固めたものであり、肉や野菜にチーズのように振りかけて食べられていたそうです。

　残念ながらこの植物は、紀元一世紀には家畜に食べ尽くされて絶滅しました。その代用品として用いられ始めたのが、近縁種の植物であるアサフェティダです。しかし、結局これはシルフィウムほどおいしくはなかったのか、ヨーロッパではすぐに使われなくなり、インドなどの限られた地域だけに残るかたちとなりました。

　豆を多く食べるインドでは、アサフェティダは腸内で発生するガスを抑えるのに有効だと言われています。玉ねぎやにんにくすら禁忌となる厳格な菜食主義者にとっては、それらに替わるような使われ方もされているスパイスです。

イナダのつぶやき　ペルノやラクなどのアニス酒は、カレーに合わせる食中酒として極めて有能。

アジョワン
ajowan

揚げ物によく合う、爽やかさと香ばしさ

カロンジ（P149）同様、オレガノ（P166）やタイム（P168）と共通する風味がある。世界的にはさほど重要視されていないスパイスだが、インドでは揚げ物の衣に加えられたり、パンの表面にまぶされたりと、定番スパイスのひとつ。

DATA

科　　名	セリ科
別　　名	ワイルドセロリシード
原 産 地	インド、北アフリカ
利用部位	種子
使用形状	ホール

POINT

基本的には粒のまま使う。カロンジほどはクセが無いため、揚げ物やパンを中心により汎用性が高い。

アニス
anise

ハーブ酒には欠かせない
ヨーロッパのスパイス

ヨーロッパで古くから栽培され、東洋からの輸入に頼る必要のなかったスパイスのひとつ。スープや煮込み料理からサラダ、デザートまで幅広い古典料理に使われる。ハーブ酒にも多用され、アブサンはその代表的なもの。

DATA

科　　名	セリ科
別　　名	アニシード
原 産 地	地中海東部沿岸
利用部位	種子
使用形状	ホール、パウダー

POINT

スターアニス（P155）やフェンネル（P162）とも共通の香気成分を持ち、同じように使うこともできる。

イエローマスタード
yellow mustard

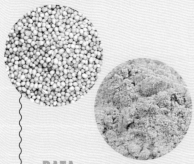

練り辛子やマスタードの原料

ブラウンマスタード（P163）よりは穏やかな風味で、主に生のまますり潰して辛味を引き出して使う。粒マスタードの「粒々」はこれをビネガーなどに漬け込んだもの。テンパリングにも使えるが一般的ではない。

DATA

科　　名	アブラナ科
別　　名	ホワイトマスタード
原産地	地中海沿岸、インド、中国、ヨーロッパ、中近東
利用部位	種子、葉
使用形状	シード、パウダー、ペースト

POINT

ペースト状に加工することで辛味を引き出すのが一般的だが、粒のままピクルス等の風味付けにも。

オールスパイス
allspice

数種のスパイスを合わせたような香り

その名の通り、シナモン（P154）、クローブ（P150）、ナツメグ（P159）を合わせたような香りと言われるが、実際にその3種類をミックスしたものとはさほど似ていない。ヨーロッパにはジャマイカ経由で伝わり、広く使われるようになった。

DATA

科　　名	フトモモ科
別　　名	サンコウシ、ヒャクミコショウなど
原産地	ジャマイカ、メキシコ、西インド諸島
利用部位	果実
使用形状	ホール、パウダー

POINT

単体としてはかなりクセが強いスパイスでもあり、コショウ（P151）、クローブ、ハーブ類などと併用すると良い。

イナダのつぶやき　「いろいろスパイスを揃える代わりにこれ1本で間に合わせよう」という動機でオールスパイスを購入してしまった人は、まず間違いなく後悔します。

ガーリック
garlic

ヤミツキになる、香りと旨味のスパイス

世界的には乾燥させない生のものを使うのが一般的だが、アメリカではガーリックを乾燥パウダーに加工する技術の発明以降、スパイスとしての消費量が激増した。独特の旨味を感じさせる強い香りが特徴。様々な料理に使われる万能スパイス。

DATA

科　　名	ヒガンバナ科
別　　名	にんにく
原 産 地	キルギス、エジプトなど
利用部位	球根（鱗茎）、茎、葉
使用形状	ホール、パウダー、フレッシュ

POINT

ガーリックは酸化臭が出る前に手早く加熱調理することが望ましい。パウダーはその心配が不要。

カシアリーフ
Cassia leaf

インドのベイリーフは甘い香り

ローレル（P165）とは別の植物だが、インドではローレル同様「ベイリーフ」とも呼ばれている。インドではカシアリーフの方がむしろ一般的に使われている。別種の植物だが、確かにどこか共通する香りはあり、そこにシナモン（P154）をマイルドにしたような風味が加わっている。

DATA

科　　名	クスノキ科
別　　名	インディアンベイリーフ、シナモンリーフ
原 産 地	インド
利用部位	葉
使用形状	ホール

POINT

原形のままテンパリングに用いられる。高温の加熱で変色しやすいが、変色した方がむしろ風味が出る。

カスリメティ
kasoori methi

北インドレストラン料理を象徴する香り

フェヌグリーク（P161）と同じ植物の葉の部分を乾燥させた物で、香りもかなり共通性がある。インドでは生葉を野菜として使うことも多いが、レストランではより香りの強い乾燥葉が様々なカレーに使われている。

DATA

科　名	マメ科
別　名	フェヌグリークリーフ
原産地	地中海地方
利用部位	葉
使用形状	リーフ

POINT

カレーを煮込む際に加える。トッピング的に使用する場合でも、乾煎りするなど加熱する方が良い。

column

カスリメティは最近日本で大人気

　カスリメティは、最近日本で急激にその認知度を高めています。単なるブームの域を超えてすっかり定着した新しい日本式カレーである「スパイスカレー」のトッピングとして欠かせないものだからです。

　スパイスカレーの多くが従来のカレーライスと大きく異なるのは、カレーとライスの他に様々な副菜とトッピングが施される賑やかな盛り付けにあります。そこにおいてカスリメティのトッピングは、緑の彩りと皿全体の立体感をさらに高める重要な要素です。またその風味も、日本のカレーには欠か

せないフェヌグリークのそれと共通するものがありつつ、インドレストラン料理でもお馴染みのものとなっています。

　インドカレーの緑のトッピングとしては本来コリアンダーリーフ（P167）が一般的ですが、カスリメティはその代わりに、より日本人に嫌われないものとして選択されたところもあるのかもしれません。

イナダのつぶやき　日本の固形ルーやカレー専門店のカレーはカルダモンを強めに配合していることが多いです。そうなり始めた最初は、今でもベストセラーの「ハウスジャワカレー」ではないかと密かに思っています。

ガランガル
galangal

生姜によく似ている

ガランガルは見た目もジンジャー（P155）に似ており、さわやかな香りと、ピリッとした刺激のある味わいもよく似ている。大きさで風味が異なり、大きいものは酸味を持ち、小さいものは辛味が強い。トムヤムクンやタイカレーには欠かせない。

DATA

科　　名	ショウガ科
別　　名	カー、ガランガ、なんきょう
原 産 地	中国南部
利用部位	根茎
使用形状	ホール、パウダー、フレッシュ

POINT

煮込み料理によく使われる。また、みじん切りにしたものをオイルで熱すると香りが引き立つ。

カルダモン
cardamon

高貴な香りの「スパイスの女王」

突き抜けるように爽やかで、極めて強い香りを持つ。高価なスパイスだが、他に一切替えが効かない。特に肉系のカレーには欠かせない。甘味を引き立てるので地域によってはパンやお菓子にも使われることがある。

DATA

科　　名	ショウガ科
別　　名	グリーンカルダモン、ショウズク
原 産 地	インド、スリランカなど
利用部位	果実、種子
使用形状	ホール、パウダー

POINT

ホールでもパウダーでも絶大な効果を発揮する。香りが落ちるのでパウダーはできれば挽きたてを用いたい。

カレーリーフ
curry leaf

これこそが南インドの香り

山椒（P153）やガランガル（P147）同様ミカン科の植物の葉であるが、それらのような爽やかな芳香性は無く、胡麻のようなどっしりとした香ばしさが特徴といえる。乾燥品もあるが、生の香りは格別。南インドやスリランカでは、カレーツリーが自生している。

DATA

科　名	ミカン科
別　名	カレーツリー、オオバゲッキツ
原 産 地	スリランカ、インド
利用部位	葉、果実、花など
使用形状	ホール

POINT

シード系スパイスと共にテンパリングしたり、煮込みの際に加えたりして使用する。

---

column

地味だがしたたかな カレーリーフの香り

　かつて南インドのチェンナイに滞在していた時に体調を崩したことがあります。おそらく原因はラッシーに入っていた生水。インド旅行者の間で俗に「インド腹」と呼ばれる症状が出て、胃腸の機能が完全にストップし、何も食べられないどころか、食べ物の匂いを嗅いだだけで吐き気を催す状態になりました。

　その時一番辛かったのが、（そうなって初めて気付いたのですが）街中に充満するカレーリーフの匂いでした。スパイスとしては特に香りが強いわけでもないカレーリーフですが、そこに

はしぶといと言っても良いしたたかさがあり、どこからともなく漂ってくるその匂いが身体中にねっとりとまとわりついてくる感覚に悩まされ続けたのです。

　「このままだと一生カレーリーフが嫌いになってしまうのでは」と怯えていましたが、体調の回復と共にその嫌悪感もいつしか消えていったのは幸いでした。

イナダのつぶやき　初めてカレーリーフの生葉を入手して料理に使った時の感動は今でも忘れられない。

カロンジ
kalonji

複雑な香りとほろ苦さ

ブラッククミンという別名もあるが、クミン（下記）とは形はともかく風味の共通性は薄く、むしろオレガノや玉ねぎ、にんじんとも共通する香り。「鉛筆の芯」と表現されることもある。インド亜大陸西部のベンガル地方でよく使われる。

DATA

科　　名	キンポウゲ科
別　　名	ブラッククミン、ニゲラ、ブラックシード
原 産 地	南ヨーロッパ〜北アフリカ
利用部位	種子
使用形状	ホール

POINT

基本的には粒のまま使われる。ベンガル地方のシードミックス「パンチフォロン（P139）」には必須。

クミン
cumin

世界中で愛される代表的なスパイス

極めて独特な香りを持つにもかかわらず、肉でも野菜でも素材との相性を選ばないこともあり、世界中で多用されている。中東など羊肉をよく食べる地域では特に重要なスパイス。南米でもチリパウダー（P138）などにも使われる。

DATA

科　　名	セリ科
別　　名	ジーラ、ジェーラ、馬芹^{うまぜり}
原 産 地	エジプト
利用部位	種子
使用形状	ホール、パウダー

POINT

重厚な香りが料理にコクを与えるが、挽きたてのものには梅しそを思わせるような爽やかな風味も。

クローブ
clove

強烈な効果と深く甘い香り

あらゆるスパイスの中で最も強い香りを持つと言っても過言ではない、たいへん個性的なスパイス。逆に言えば単体では使いづらいスパイスとも言える。甘い香りはお菓子やフルーツとも相性が良い。利用部位が蕾であることも特徴的。

DATA

科　　名	フトモモ科
別　　名	丁字、丁香、百里香
原 産 地	モルッカ諸島（インドネシア）
利用部位	蕾
使用形状	ホール、パウダー

POINT

効果が劇的なだけに、とにかく使いすぎに注意。カルダモンやシナモンと合わせて使うと深みが増す。

column

クローブ大失敗

　私が初めてカレー専門店を手がけた時は、ろくにノウハウもなく全てが手探りだったと言っても過言ではありませんでした。ある時、ビーフカレーにもっとビーフカレーならではの特徴を出したいと考え、あえてクローブを強調したブレンドで作ったことがあります。しかしこれは大失敗でした。ビーフカレーにクローブを効かせるという発想自体は今考えても決して間違ってはいなかったのですが、それを入れ過ぎてしまったのです。具体的に言うと、チキンカレーにカルダモンを効かせるのと同じ量の感覚でクローブを増量し

ました。
　結果それは、極めて食べづらいものになりました。とても売り物にはならないカレーが60人前完成してしまったのです。仕方無いので毎日まかないとして消費していきましたが、それを食べさせられるスタッフも気の毒。もちろん自分もうんざりです。結局、半分以上廃棄することになってしまいました。今でも痛恨の思い出です。

 イナダのつぶやき

コショウとクローブ、どちらも「スパイスの王様」と呼ばれることがあるので、今後の継承権争いが国民としては心配。その点、カルダモン女王の地位は盤石。ゴッド・セイブ・ザ・クイーン！

コショウ
pepper

世界中で愛されているスーパースター

いかにも食欲をそそる芳醇な香りと適度な辛味は、どんな素材とも相性を選ばない万能選手。肉などの臭み消しや、料理のコクを増す効果もある。特にヨーロッパでは、あらゆる料理に使われる調味の基本となっている。

DATA

科　　名	コショウ科
別　　名	ペッパー
原 産 地	インド
利用部位	果実
使用形状	ホール、パウダー

POINT

粒のまま、粗く砕く、粉末にする、など、挽き方ひとつで表情が変わる。いずれも挽きたてがベスト。

column

白・黒・緑、コショウは色とりどり

白コショウ、黒コショウ、緑コショウ。これらは全て同じコショウの果実を使います。ですが、加工の仕方が異なります。

緑コショウは未熟な果実をボイルして塩漬けにしたもの、もしくは短時間で乾燥したものです。黒コショウは未熟果を乾燥させて作ります。白コショウは完熟果の赤い果皮を取り除いた後に乾燥させます。ピンクペッパーは完熟したコショウの実だったり、コショウとは別種の植物「コショウボク」や「ナナカマド」などの実を使ったものだったりと、いくつか種類が存在します。

一般に、白コショウはマイルドで黒コショウはより強い香りとも言われますが、個人的にはこの表現はあまり適切ではない気もしています。白コショウには黒には無い、どこかチーズなどを思わせる強くて独特な香りを感じるためです。慣れもありますが、白の方がむしろクセが強い印象もあります。スパイシーさだけではなく、コクを感じさせる風味です。

コリアンダーシード
coriander seed

ミックススパイスのバランサー

柑橘を思わせる爽やかな香りのスパイス。これ自体の風味はそれほど強いものではないが、複数のスパイスをミックスして使う場合に、全体を調和させるバランサー的な役割を果たす。特にクミン（P149）とは相性が良い。

DATA

科　名	セリ科
別　名	コエンドロ
原産地	地中海沿岸
利用部位	種子
使用形状	ホール、パウダー

POINT

細かいパウダーはカレーに自然なとろみを付与し、粗めに砕いたものはより強い風味がアクセントになる。

column

南インドカレーとコリアンダー

コリアンダーは、縁の下の力持ちです。特に強烈な特徴があるわけでもないのですが、他の個性的なスパイスを引き立てつつ全体を調和させる、名脇役的なポジション。

栽培地域が広く、かつ大量に収穫できるため、基本的に安価であることも、広く使われている理由のひとつかもしれません。同じく比較的安価で広く使われているクミンと同量くらいでブレンドする使い方は、不思議と全世界でよく見られます。

南インドでの使い方は少し例外的で、カレーなどに大量に使われることがあ

ります。コリアンダーの細かいパウダーは、料理の味わいをいたずらに重くすることなくカレーに自然なとろみをつけることができるのが特徴です。このコリアンダーがあっさりとした南インドカレーを特徴付けている要素のひとつと言えます。

私が運営する南インド料理店でも、年間消費量がダントツで一番多いスパイスです。

イナダのつぶやき　川上弘美さんの小説で、主人公の女性が鰻重をご馳走した高校生の男の子の山椒のかけ方が多からず少なからず適切で、主人公が内心でそれを称賛するシーンがありました。好き。

サフラン
saffron

世界一高価なスパイス

アヤメ科の花の3本しか無いめしべを集めた、とても貴重で高価なスパイス。重厚な風味と鮮やかな黄色の色合いが特徴で、魚介系の煮込み料理の他、パエリアやビリヤニなどの米料理、デザートにも使われる。

DATA

科　　名	アヤメ科
別　　名	蕃紅花（ばんこうか）、クロッカス
原 産 地	南ヨーロッパ、西アジア
利用部位	めしべ
使用形状	ホール

POINT

独特な香りが味わいの深みとなるが、使いすぎると消毒液を思わせる悪臭にも近づくので注意。

山椒
japanese pepper

日本古来の代表的なスパイス

強い香りと痺れる辛さを持つ点では花椒（P164）と同様だが、和食の特性上、ごく少量を風味付けに用いることが多い。鰻の薬味として浸透しているが、京都などでは味噌汁の吸い口にも。若い実や葉も活用される。

DATA

科　　名	ミカン科
別　　名	はじかみ、ジャパニーズペッパー、和山椒
原 産 地	東アジア
利用部位	果皮、果実、葉
使用形状	ホール、パウダー

POINT

基本的にはパウダーの状態で流通するが、若い実は粒のまま佃煮や炒め物などに活用できる。

シナモン
cinnamon

刺激的かつ甘い香りがアクセントになる

アップルパイを始めとするスイーツのスパイスの印象が強いが、カレーなどの肉料理や、時にスープなどにも使われる。一般的に知られるセイロンシナモンの他、より厚みがあり、濃厚な甘い香りが特徴のカシアシナモンもある。

DATA

科 名	クスノキ科
別 名	肉桂（にっけい）、桂皮（けいひ）、カシア
原 産 地	インド南西部、スリランカ
利用部位	樹皮
使用形状	ホール、パウダー

POINT

パイやクッキーなどのスイーツには比較的しっかり風味を効かせるのが良いが、料理にはやや慎重に。

ジュニパーベリー
juniper berries

ジンの香りの主役

ヨーロッパ原産で古くから使われてきた。乾燥で流通するが、煮込みによって水分を取り戻すと外側はベリー系のフルーツのようになり、中心の種はスパイシー。イギリスタイプのジンの香り付けとしても用いられる。

DATA

科 名	ヒノキ科
別 名	ネズの実
原 産 地	ギリシャ
利用部位	果実
使用形状	ホール

POINT

粒のまま使う。豚肉やジビエなど肉類の煮込みに最適。ザワークラウトを使う料理にも欠かせない。

154

イナダのつぶやき 八角を初めて意識したのは、小学生の頃に食べた「牛肉麺」でした。その時はおいしいのかおいしくないのかよくわかりませんでしたが、大人になるにつれ、八角は大好きな香りのひとつに。基本的には慣れない香りですが、そうであるが故にその違和感がヤミツキになります。

ジンジャー
ginger

臭み消しにも効果抜群、爽快な香りと辛味

アジアでは生の生姜が盛んに使われているが、ヨーロッパでは肉料理やお菓子に乾燥パウダーをスパイスとして使うことが多い。またインドでもカシミールなど一部地域ではパウダーがよく使われている。

DATA

科　　名	ショウガ科
別　　名	生姜、生薑、乾薑
原 産 地	熱帯アジア
利用部位	根茎
使用形状	ホール、パウダー

POINT

肉や魚の臭み消しには他の強いスパイスよりむしろ効果が高い。パウダーは実はチャイにも向く。

スターアニス
star anise

中国料理には欠かせない個性派

香りはアニス（P143）やフェンネル（P162）とも共通するが、それらより更に刺激的。中国料理には欠かせないスパイスのひとつで、素材を選ばず様々な場面で登場する。南アジアでも地域によってはよく使われる。

DATA

科　　名	マツブサ科
別　　名	八角、大茴香、チャイニーズアニス
原 産 地	中国
利用部位	果実
使用形状	ホール、パウダー

POINT

煮込みの際に原形のまま加える使い方が一般的だが、細かいパウダーに挽いたものは五香粉（P139）等にも。

ストーンフラワー
stone flower

ビリヤニや肉系カレーの隠し味

植物ではなく、地衣類を乾燥させた珍しいスパイス。乾燥キノコにも似た香りがある。インドのムスリム料理を象徴するスパイスのひとつでもあり、最近ようやく日本でも入手できるようになってきた。カルパシの名の方が有名かも。

DATA

科　　名	ウメノキゴケ類
別　　名	カルパシ
原 産 地	－
利用部位	まるごと
使用形状	ホール、パウダー

POINT

軽くすり潰してカレーやビリヤニに加える。ガラムマサラに配合されることもある。

スマック
sumac

ほぼ「赤しそふりかけ」

ウルシ科の植物の赤い実を乾燥させたもので、赤しそや梅干しを思わせる風味と酸味がある。中東料理には欠かせないスパイスのひとつだが、日本でもいつブームになっても不思議ではない、親しみやすい味わい。

DATA

科　　名	ウルシ科
別　　名	スーマック
原 産 地	中近東
利用部位	果実
使用形状	パウダー

POINT

酸味を生かして、ケバブなどの焼いた肉やサラダに振りかけるだけでも。和食にも活用しやすい。

イナダのつぶやき インドのスーパーで、ストーンフラワーと言ってもカルパシと言っても話が通じず、いろいろ説明していたら最終的に「オッケー、それはビリヤニフラワーのことだな！」と理解して奥から出してきてくれた。そんな呼び方があったとは。

ターメリック
turmeric

鮮やかな色味と大地の香り

特にこれといった芳香があるわけではないが、どこか大地の香りを思わせるどっしりとした風味がある。量を使いすぎるとその風味がクセに転じ、同時に苦味も増す。少量でも鮮やかな黄色を料理に付与する。

DATA

科　　名	ショウガ科
別　　名	ウコン
原 産 地	インド、熱帯アジア
利用部位	根茎
使用形状	パウダー

POINT

香りというよりは色味と味のスパイスなので、入れすぎに注意。色味は加熱でより鮮やかになる。

column

ターメリック不要論

　インドカレーの自作を始めた人々の多くが一度は突き当たりがちな疑問のひとつに、「ターメリックって本当に必要?」というものがあります。

　確かに、個性的な強い香りを持つ様々なスパイス群の中にあって、ターメリックの香りは極めて地味。実はいらないのでは?　と思ってしまうのも無理は無いとも思います。

　しかし実際は、ターメリックはむしろほぼ全てのカレーに使われています。なぜなのか、と考えると確かに不思議です。薬効が期待されている面はあるようですが、私自身もその明確な答え

は持っていません。

　ターメリックは他のスパイスとは少し違い、調理前の素材にまぶしたり、豆や野菜の下煮などにも使われます。そのこともあり、実はこんなトンデモ仮説を立てたこともあります。それは、「素材にまぶしたり下煮の時に、色が綺麗で調理中のテンションが上がるから」というもの。信じるか信じないかはあなた次第です。

チリ
chili

スパイスの辛味はほぼチリによるもの

唐辛子（チリ）以外にも辛味のあるスパイスが無いわけではないが、いずれもチリと比べたらささやかなものと言える。ただし、チリは単に辛味だけでなく旨味や香ばしさもあり、料理における重要な要素となる。チリパウダー（P138）は別のミックススパイス。

DATA

科　　名	ナス科
別　　名	唐辛子、カイエンペッパー、レッドペッパー
原 産 地	中南米
利用部位	果実
使用形状	ホール、パウダー

POINT

品種によって辛さに大きな違いがあるため、辛さ重視なのか風味重視なのかによって使い分ける。

column

唐辛子は太陽だ

　世界のスパイス料理文化をあえてざっくりと表現するならば、「主にアジアからもたらされた様々なスパイスと、新大陸からもたらされた唐辛子の邂逅によって生まれた」と言ってもいいかもしれません。スパイスは複数を組み合わせて使うのが一般的ですが、その中心には、ほとんどの場合、唐辛子が存在しています。

　世の東西を問わず、「スパイスが効いている」という表現は、「辛い」とニア・イコールです。その様を太陽系になぞらえるとすると、中心には唐辛子が光り輝き、その周りを幾多のスパイ

スが惑星のように取り巻いているようにイメージできるでしょう。

　唐辛子の「辛さ」は厳密には味覚ではなく痛覚です。人類は、植物が動物に捕食されないために備えた辛味という防御機能でさえ、「おいしさ」として楽しみ、そしてヤミツキにさえなってしまう。そんな人類の貪欲さが、いったい何に由来するのか。考えるだに不思議です。

イナダのつぶやき
私の母はナツメグのパウダーは使わず、ホールをその都度おろして使っており、私がその手伝いを命じられることもありました。ちっとも嫌ではないどころか、むしろ大喜びで香りを楽しみながらやっていた思い出です。

陳皮
mandarin

身近で穏やかな東洋のスパイス

みかんの皮を干したもので、風味自体は柑橘の爽やかさがありつつ穏やか。日本人にとっては七味唐辛子やカレー粉の原料としても重要。中国などでは他のスパイスと共に鍋やスープにもよく使われる。

DATA

科　　名	ミカン科
別　　名	マンダリン
原 産 地	東アジア、日本
利用部位	果皮
使用形状	ホール

POINT

みかんの皮を干して自家製することも可能。クセが無いので様々な料理に活用しやすい。

ナツメグ/メース
nutmeg/mace

挽き肉料理には欠かせない

非常に独特な刺激性の香りがあり、特にヨーロッパでは挽き肉や牛乳を使う料理の臭み消しには欠かせない。ナツメグは種子の仁、メースはその仮種皮だが、香りはほぼ同じ。南アジア圏ではメースの方がよく使われる。

DATA

科　　名	ニクズク科
別　　名	ニクズク
原 産 地	モロッカ諸島（インドネシア）
利用部位	種子の仁（ナツメグ）、仮種皮（メース）
使用形状	ホール、パウダー

POINT

ホールのナツメグはおろし金でおろす事も可能。メースはそのまま口に入れると非常に苦いので注意。

バニラ
vanilla

デザートには欠かせない貴重な甘い香り

収穫された状態では香りはほぼ無く、その後乾燥と発酵を何度も繰り返すことで香りが生まれる。また、色も緑色から濃褐色に変わる。製品になるまでの手間が膨大にかかることもあり、サフラン（P153）に次ぐ極めて高価なスパイス。

DATA

科　名	ラン科
別　名	ワニラ
原 産 地	メキシコ、中央アメリカ
利用部位	種子(さや)
使用形状	ホール

POINT

2つに割ったさやの中の細かい種を活用するが、牛乳などで煮出す場合はさやも一緒に煮出すと良い。

パプリカ
paprika

パプリカは真っ赤で辛くない唐辛子

唐辛子（チリ、P158）との植物学上の違いはほぼ無いが、パプリカには辛味が無い。料理にふんだんに加えることもできるため唐辛子類が本来持つ旨味や風味を料理に取り入れやすい。食欲をそそる深紅の色味も魅力である。

DATA

科　名	ナス科
別　名	ベルペッパー、スイートペッパー
原 産 地	熱帯アメリカ
利用部位	果実
使用形状	パウダー

POINT

辛いチリとパプリカをブレンドすることで、マイルドなチリとして使うことができる。

イナダのつぶやき
辛くない唐辛子はどこでも料理にたっぷり使われる傾向があり、パプリカはその最たるもの。最もパプリカと呼ばれるものの中には多少の辛さがある品種も少なくなく、唐辛子との分類状の境目は、有って無きが如しでもあります。

フェヌグリーク
fenugreek

重厚かつ香ばしい香りは
カレー粉の香りの主役

スパイスとしては珍しくマメ科の植物で、他のスパイスとは系統の全く異なる香り。カレー粉の香りを特徴づける香りのひとつでもある。たいへん苦味が強いスパイスなので、量を使いすぎないように注意する。

DATA

科　　　名	マメ科	
別　　　名	メティー、コロハ	
原 産 地	西アジア、地中海沿岸	
利用部位	種子	
使用形状	ホール、パウダー	

POINT

ホールは高温でしっかり加熱することで、その風味を最大限生かすことができる。

焦がす↓　　焦がさない↓

column

フェヌグリーク、甘いか苦いか

　フェヌグリーク独特の甘い香りは、かつてメープルシロップの代用品として利用されていた時代もあるそうです。それに反して味わいは極めて苦味が強いという特徴もあります。

　ネパール料理でフェヌグリークは真っ黒になるまで焦がして使われるのですが、ネパール人曰く「焦がすことで苦味を抑えることができる」のだそう。しかし、南インドの人々は、反対に絶対に焦がさないよう注意を払うのが一般的です。訊くと「焦がすと余計苦くなるから」なのだと言います。

　いったいどちらの言い分が正しいのでしょうか。私自身の実感としては「どっちでも苦いものは苦い」というのが今のところの結論です。なので、焦がすか焦がさないかはその時の気分次第。ただしフェヌグリークの焦がした香りはネパール料理に無くてはならないものですし、焦がさないそれを煮込むとある段階で出てくるある種の旨味もまた、南インド料理には欠かせないものなのです。

フェンネル
fennel

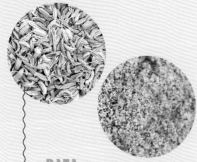

個性的な甘い香りと爽やかさ

独特の風味は、アニス（P143）やスターアニス（P155）とも共通する「アネトール」という成分によるもの。同時に爽やかな味わいもあり、特にシードは料理のアクセントとなるのみならず、食後に粒そのものを噛んで食べられることもある。

DATA

科　名	セリ科
別　名	ウイキョウ
原産地	地中海沿岸
利用部位	葉、茎、花、種子、根
使用形状	ホール、パウダー

POINT

シードをテンパリングする際は、加熱し過ぎないことで、香りだけでなく爽やかな味わいも生かせる。

ブラウンカルダモン
brown cardamon

重厚なスモーキーフレーバー

ビッグカルダモンとも呼ばれ、その名の通りカルダモン（P147）と形状は似ているが、全く別種の植物。また、香りの共通性も無い。スモーキーで重厚な風味が、パキスタンや北インドのカレーには欠かせない。肉に合う。

DATA

科　名	コショウ科
別　名	ビッグカルダモン、ブラックカルダモン
原産地	ダーラン・ネパール
利用部位	種子
使用形状	ホール、パウダー

POINT

原形のまま使われることが多いが、固い殻の中の粒だけを取り出し挽いたものはガラムマサラにも良い。

イナダのつぶやき フェンネルを初めて認識した時の第一印象は「これはお寺の匂いだ！」というもの。アジアで料理に使われるスパイスには、スターアニスやクローブなどお香の原料とも共通するものが少なくなく、フェンネルもそのひとつだからかもしれません。

ブラウンマスタード
brown mustard

辛味よりも香ばしさを活用

生の状態をすり潰すと辛子類ならではのピリッとした辛味があるが、インド料理においてはオイルと共に加熱して弾かせることで、独特の強い香ばしさを活用することが多い。その場合、辛味は完全に飛んでいる。

DATA

科　　名	アブラナ科
別　　名	カラシ
原 産 地	ヨーロッパ、インド、中国
利用部位	種子
使用形状	ホール、パウダー、ペースト

POINT

加熱せずココナツやヨーグルトと共にすり潰して、ピリッとした辛味を活用することもある。

column

マスタードシードはフォトジェニック

　マスタードシードは、コリアンダーシード（P152）やチリ（P158）と並ぶ、安価なスパイスです。安価ということは即ち、比較的簡単に栽培できて大量に収穫できることを意味します。

　南インドでは特に頻繁に、それこそあらゆる料理に使われますが、それもこの入手しやすさが理由のひとつかもしれません。カルダモン（P147）やクローブ（P150）など比較的貴重なスパイスのような派手な香りではありませんが、地味なようで意外としぶとく、その香ばしさを主張する存在は、南インド料理を象徴する香りのひとつとも言えるでしょう。

　また、香りのみならずその黒くて小さな球状の粒々は、料理の見た目においても案外主張が強いのです。特に、これも南インド料理で多用される、ココナツの白～クリーム色の明るい色合いとのコントラストは実に印象的。この見た目の「可愛らしさ」もまた、マスタードシードの魅力なのではないでしょうか。

花椒
chinese pepper

食欲を増す痺れと香り

中国山椒とも呼ばれ、山椒（P153）にコショウ（P151）を合わせたようなスパイシーな香りと、痺れるような辛さが特徴。唐辛子の辛さと合わさった「麻辣」味は日本でもすっかり定着したが、揚げ物などには単体でも使われる。

DATA

科　　名	ミカン科
別　　名	チャイニーズペッパー
原 産 地	中国
利用部位	果皮
使用形状	ホール、パウダー、粗挽き

POINT

粒のまま調理に使う他、粗く刻んだものやパウダーを料理の仕上げにも使用する。

ポピーシード
poppy seed

芳香性よりも
ナッツのような香ばしさを利用する

スパイスに分類されるが、どちらかというとナッツ的な使われ方。南インドではすり潰してカレーに加えることでコクととろみをつける。日本ではケシの実と呼ばれ、あんパンや七味唐辛子などに欠かせない。

DATA

科　　名	ケシ科
別　　名	ケシの実
原 産 地	地中海東部沿岸、西アジア
利用部位	種子
使用形状	ホール、ペースト

POINT

カレーの場合は他の食材と共にすり潰す。カシューナッツよりあっさりした仕上がりに。

 イナダのつぶやき 子どもの頃、ローレルの香りはご馳走の象徴でした。ローレルは、シチューやカレー、ロールキャベツといった洋食の煮込み料理には必ずと言っていいほど使われていたことから、台所からローレルの匂いが漂ってくると、それだけでテンションが上がったものです。

ローレル
laurel

煮込み料理をリッチな味わいに

コショウ（P151）同様、特にヨーロッパでは日常的に欠かせないスパイス。肉などの臭み消しというだけではなく、料理に厚みのある風味を付与する。タイム（P168）やローズマリー（P172）などのハーブと併用すると、よりリッチな味わいに。

DATA

科　　名	クスノキ科
別　　名	ローリエ、ベイリーフ、月桂葉
原 産 地	西アジア、ヨーロッパ南部
利用部位	葉
使用形状	ホール、パウダー

POINT

パウダーにすると苦味が出るので、基本的には葉の形のまま使用する。葉のサイズが小さいほど良質。

ロングペッパー
long pepper

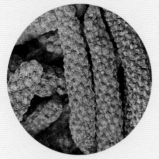

古くからの歴史を持つ、もうひとつのコショウ

コショウ科に属する植物でコショウ（P151）と似た風味だが、シナモン（P154）やオールスパイス（P144）を思わせる独特の風味もある。インドやヨーロッパでは紀元前から使われてきたが、コショウの普及に伴い需要が低下していった。

DATA

科　　名	コショウ科
別　　名	ヒハツ、ナガコショウ
原 産 地	南アジア
利用部位	果実
使用形状	ホール、パウダー

POINT

沖縄にも自生しており、古くから活用されている。チャンプルーやミックススパイスの隠し味に。

オレガノ
oregano

世界中で愛されるドライハーブ

生葉も入手しやすいが、むしろ乾燥によって独特の風味が強まるハーブ。イタリアのイメージが強いが、実はヨーロッパだけでなく中東や中南米等でも盛んに使われている。地域によってはタイム（P168）と区別されないこともある。

DATA

科　名	シソ科
別　名	花薄荷（ハナハッカ）、オリガン、ワイルドマジョラム
原産地	地中海沿岸
利用部位	葉、花穂
使用形状	フレッシュ、ドライ

POINT

乾燥が基本なので常備しやすい。風味こそ違えど、バジル（P167）やタイムと置き換え可能な料理もある。

column

ピザの思い出

　かつて日本でピザは「ピザパイ」とも呼ばれ、アメリカ式のそれが中心となっていました。このピザパイに使われるピザソースやアメリカ風の「イタリアンソーセージ」などにもオレガノはふんだんに使われ、それはピザという食べ物を象徴する香りだったのです。

　その後はイタリア式の本場のピザも徐々に浸透し、特にナポリピッツァは大流行します。その代表格である「マルゲリータ」は、あっという間に市民権を得ました。マルゲリータに使われるトマトソースは、ハーブ類も一切入らずトマトのみのごくシンプルなもの。そし

てそこにのせられるハーブはフレッシュバジルのみ。オレガノ風味のピザは、どこか時代遅れな印象にもなったような気がします。しかし実はオレガノを使うナポリピッツァもちゃんと存在し、その代表がチーズすらのらない超シンプルな「マリナーラ」です。個人的にはマルゲリータよりこちらが好みですが、そこにはかつて馴染んだオレガノへの愛が介在している気もしています。

 イナダのつぶやき

バジルの生葉がまだ日本で流通していなかった時代、あるイタリア料理屋さんでは、乾燥バジルと大葉をミックスして代用していた。いろんな時代にいろんな天才がいるものですね。

コリアンダーリーフ
coriander leaf

世界中を虜にする独特すぎる風味

時に「カメムシのような匂い」とも評される強烈な風味だが、独特のスパイシーさは慣れるとあらゆる料理に加えたくもなりかねない強い嗜好性もあり、世界中で愛されていると言っても過言ではない。「パクチー」はタイ語、「香菜」は中国語。

DATA

科　　名	セリ科
別　　名	パクチー、香菜、コエンドロ
原 産 地	地中海沿岸
利用部位	葉
使用形状	フレッシュ、ドライ

POINT

生の葉には強い青臭さがあるが、加熱するとそれが後退し、ぐっと食べやすい風味になる。

スイートバジル
sweet basil

日本人も大好きなイタリアンハーブ

かなり特徴的で強い香りのハーブであるにもかかわらず、日本でもすっかり定着。イタリア料理を象徴する香りでもあり、パスタ、野菜、フレッシュチーズなど、比較的淡白な素材と相性が良い。トッピングの他、ペーストにして使われることもある。

DATA

科　　名	シソ科
別　　名	バジリコ、メボウキ
原 産 地	インド
利用部位	葉、花穂、種子
使用形状	フレッシュ、ドライ、ペースト

POINT

とにかく新鮮さが命。乾燥品は別物と考えた方が良い。相性が良いのは、ガーリック（P145）やオレガノ（P166）など。

タイム
thyme

使いやすい万能ハーブ

ローズマリー（P172）と並ぶ、代表的な地中海ハーブ。魚介、肉、野菜とオールマイティに使える使い勝手の良いハーブであり、ヨーロッパ以外でも広く活用されている。ミックスハーブやブーケガルニには欠かせない。

DATA

科　　名	シソ科
別　　名	立麝香草（たちじゃこうそう）
原 産 地	南ヨーロッパ
利用部位	葉、花穂
使用形状	フレッシュ、ドライ

POINT

ローズマリーとは異なり、量はさほど気にせず使える。乾燥品になると少しクセが強いので注意。

column

タイムは気軽に使おう

　ナツメグ（P159）がクラシックな洋食の香りであり、ガーリック（P145）やバジル（P167）がイタリア料理の香りであるように、タイムとローズマリー（P172）の組み合わせは、フランス料理を象徴する香りのひとつ。普段の家庭的な洋風料理においても、タイムとローズマリーが加わることで、気分は一気にパリの街角です。

　ローズマリーには、松の葉のような独特かつ強烈な風味があり、使いすぎると少々危険です。それに比べてタイムは、大量に使っても問題ありません。それでいて少量でもしっかり存在を主張する、とても使いやすいハーブであるとも言えます。それもあってタイムはオレガノと並んでヨーロッパ圏外でも広く使われています。

　肉の下味付けや煮込み料理に使う他、仕上がった料理にどさっとのせて、その香りだけを楽しみながら食べる、なんていう贅沢な使い方もあります。日本でももっと気軽に使われて良いハーブなのではないでしょうか。

イナダのつぶやき　伝説の三つ星レストラン「エルブジ」には、タイムやローズマリーなどで作った小さなブーケを左手に持ちながら、右手で骨付きラムのローストを持って食べる、という料理がありました。コシャクな……。

ディル
dill

魚介類との相性抜群

とても爽やかな香りが特徴で、ブイヤベースやウハーなど、魚介の煮込み料理に多用される。針状の葉だけではなく、種子（ディルシード）がピクルスに使われる他、花も活用され、風味はどれもほぼ共通。

DATA

科　　名	セリ科
別　　名	ジル、サワ
原 産 地	南ヨーロッパ、西アジア
利用部位	種子、葉、花
使用形状	フレッシュ、ドライ

POINT

使う時は思い切ってたっぷり使うのがおいしさのコツ。乾燥品もあるが風味がやや弱い。

column

ベトナムのディル

　ベトナムはハーブ大国であり、春巻きや麺類など様々な料理にわんさかハーブが添えられるのは日常風景です。そこにはコリアンダーリーフ（P167）やミント（P171）、しそ、ベトナムバジル、その他名前もわからないローカルハーブたちが山と盛られています。しかしそこにディルを見かけることはなく、私はベトナムではディルは食べられないと思い込んでいました。

　しかしある時、街中で風にのって不意にディルの匂いが流れてきたことがありました。不思議に思ってその匂いを辿って行くと、たどり着いたのはな

んと魚屋さん。いろいろな魚が並ぶ横に、一抱え以上あるディルの大束が積まれていたのです。

　どうもベトナムでは、ディルは魚料理専用のハーブとして扱われていたようです。かつてベトナムを統治していたフランスでも、ブイヤベースにはディルが欠かせません。これは、植民地時代の置き土産なのでしょうか。なんとも印象的な体験となりました。

バイマックルー
bai-makruut

東南アジア料理に欠かせない

コブミカンというミカン科植物の葉。山椒（P153）とレモンを合わせたような、いかにも食欲をそそる芳香で、東南アジアではカレーや炒め物など頻繁に活用されている。タイカレーの香りの主役ともいうべきハーブ。

DATA

科　　名	ミカン科	
別　　名	コブミカンの葉	
原 産 地	タイ、マレーシア	
利用部位	葉	
使用形状	フレッシュ、ペースト	

POINT

原形のまま香り付けとして使う他、すり潰しても使われる。せん切りを素揚げしてトッピング的にも。

ホーリーバジル
holy basil

「ガパオ」の正体

スイートバジル（P167）とは全く異なる味わいで、よりどっしりとした力強い風味があり、肉料理との相性が良い。タイ語ではガパオと言い、日本では料理名そのものとなっている。インドではお茶として活用されている。

DATA

科　　名	シソ科	
別　　名	トゥルシー	
原 産 地	アジア、オーストラリア	
利用部位	葉	
使用形状	フレッシュ、ドライ	

POINT

日本では入手しにくいがスイートバジルでは全く代用にならない。タイ産の「ガパオ炒めの素」が便利。

イナダのつぶやき　パキスタンやバングラディシュで使われる「レブパッタ（レモンリーフ）」というハーブ。情報もほとんどなく実物も出回ってないんだけど、錦糸町のバングラディシュ人はバイマックルーで代用しており、「味も一緒」とのこと。

マジョラム
marjoram

オールマイティーに使えるハーブ

フランス料理やイタリア料理に欠かせないハーブ
で、甘く、繊細な風味と、マイルドな香りが特徴
的。肉、魚、野菜、チーズなど、様々な食材と相
性が良い。ミックススパイスの「エルブ・ド・プ
ロヴァンス（P138）」にも使われる。

DATA

科　　名	シソ科
別　　名	スイートマジョラム
原 産 地	地中海沿岸、北アフリカ
利用部位	葉
使用形状	フレッシュ、ドライ

POINT

生は仕上げに、乾燥品は臭み消しや料
理が仕上がる直前に使うと良い。相性
がいいのはガーリック（P145）やタイム。

ミント
mint

爽快な香りは
デザートだけでなく肉料理にも

デザートや飲み物のイメージが強いハーブだが、
牛肉などの肉料理や、スープ、サラダ、和え物な
どにもよく使われる。スペアミント、ペパーミン
ト、アップルミントなど種類が多く、風味も少し
ずつ異なる。

DATA

科　　名	シソ科
別　　名	ハッカ
原 産 地	ヨーロッパ、アジア
利用部位	葉、花穂
使用形状	フレッシュ、ドライ

POINT

料理に使われるのはスペアミントが
多い。乾燥品は少量で強い香りが得
られ、煮込み料理に最適。

171

レモングラス
lemon grass

まさしくレモンの香り

その名の通りレモン香料そのもののような香りの中に、微かにジンジャー（P155）のようなニュアンスも。固い部分はハーブティーなどに、根本の柔らかい部分はすり潰して使うだけでなくサラダとしても食べられる。

DATA

科　　名	イネ科
別　　名	レモンガヤ、レモンソウ、タクライ、セイラ
原 産 地	インド、熱帯アジア
利用部位	葉
使用形状	フレッシュ、ドライ

POINT

ガランガル（P147）と合わせて使うことも多く、爽やかな香り同士が、互いを引き立て合う。

ローズマリー
rosemary

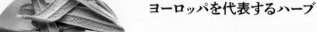

ヨーロッパを代表するハーブ

地中海沿岸部を中心に、ヨーロッパで広く使われるハーブ。非常に強い香りを持ち、羊などの肉類の臭み消しに使われることが多い。それと同時にじゃがいもなどの淡白な食材やパンの風味付けにも使われる。

DATA

科　　名	シソ科
別　　名	マンネンロウ、迷迭香（めいてつこう）
原 産 地	地中海沿岸
利用部位	葉
使用形状	フレッシュ、ドライ

POINT

かなり風味が強いので、使い過ぎに注意。またタイム（P168）やローレル（P165）などのハーブと併用すると良い。

イナダのつぶやき 九州の野山を歩いていると、時々レモングラスのような匂いが漂ってくることがあります。何らか似た植物が自生しているのでは、と思っているんだけど、いまだ正体は不明。

PART 5

インド・
スパイス料理
総仕上げ

これまでインド料理を基点に
スパイス料理を読み解いてきました。
PART5では、インドのスパイス料理の
総まとめしていきます。
これまでのテクニックを活用して、
集大成となるスパイス料理に挑戦しましょう。

スパイスの達人になる前にスパイス調理の分類を知ろう

前PARTまでで扱ってきたインドと世界のスパイス料理におけるスパイス使いのテクニックをここでいったん総括。技法の数々を組み合わせることで、さらに複雑で高度なスパイス料理を作り出すことができます。

パウダースパイスの調理分類

A 油脂を伴う加熱調理

①香味野菜と共に炒める

世界各地でよく見られる調理法で、加熱によってスパイスの強い香りを引き出すと共に、油脂にその風味を抽出し、その後煮込みなどの調理に展開する。インドカレーにおいては最も基本的な工程であり、この状態のものは「マサラ」と呼ばれる。(ただし「マサラ」という言葉自体には、これ以外にも多様な意味がある)。

②素材にまぶして炒める

肉や野菜などの素材にスパイスをまぶして炒め、そのまま仕上げるもしくは煮込みなどの調理に展開する。工程の狙いとしては、素材に風味を浸透させると同時に、①と同様、強い香りを引き出しつつ油脂に風味を抽出する目的がある。

③ルーと共に炒める

小麦粉を油脂で炒めたもの（ルー）にパウダースパイスを加えて炒める。こちらも強い香りを引き出す目的があるが、多くの場合は加熱を終えた料理の最終工程で加えられる。日本ではこの状態のものを「カレールー」と呼ぶ。

④パウダースパイスのみを油脂で直接炒める

香味野菜やルーなどの媒介物無しにパウダースパイスを直越油脂で加熱することもある。代表例は辣油だが、カレーなどでも稀に使われる。たいへん焦げやすい調理法のため、温度管理が難しい。そのためスパイスをあらかじめ水でペースト状に練っておくことも多い。

B 油脂を伴わない加熱調理

①乾煎り

フライパンなどで乾煎りすることで強い香りを引き出してから煮込み料理などに加える。代表例はスリランカのミック

イナダのつぶやき 高校生時代、学食で一番安かった素うどんに、七味と一味を真っ赤になるまで振りかけたもので、まやかしの満腹感を得ていた。唐辛子はこうやって世界中で、一時的に飢えをしのぐ役割も担っていたのではないか。

ススパイス「ツナパハ」。カレー粉も同様に炒ってから使われることがある。

②そのまま煮込む

煮込みの工程でパウダースパイスを直接加える。さほど強い香りが求められない料理で、隠し味的に使われるケースが多い。

③漬け込んで焼く

パウダースパイスをそのまま、もしくは他の材料と共にペースト状にしたもので肉や魚などを漬け込んでから焼く。こちらも世界各地で見られる典型的な調理法である。

C 加熱調理を行わない

①混ぜる・振りかける

いったん完成した料理に、混ぜるもしくは振りかけて使用する。チャートマサラや七味唐辛子など。

ホールスパイスの調理分類

A 油脂を伴う加熱調理

①テンパリング

ホールスパイスを原形のまま油脂と共に加熱することで、油脂に風味を抽出する。特にシード系のスパイスに関しては、スパイスそのものに香ばしさを付与する目的もある。インド料理や中国料理で特に重要。

B 油脂を伴わない加熱調理

①そのまま煮込む

煮るもしくは茹でる際に加え、水分に風味を抽出する。料理だけではなく飲料や薬用にも用いられる極めてベーシックな活用法。

②パウダーにする

乾煎り後に粉砕する。その後の展開はパウダースパイスに準ずる。

C 加熱調理を行わない

①ペーストにする

スパイス以外の副材料と共にペーストにする。その後の展開は、直接油脂で炒める、素材と共に炒める、煮込みの際に加える、素材を漬け込んで焼く、など加熱調理に移行する場合が多い。非加熱のまま薬味的に使用されるパターンもある。

スパイス料理の集大成にチャレンジ

次のページではスパイス料理の集大成として「チキンチェティナード」と「骨付きラムビリヤニ」のレシピを紹介します。手間はかかりますが、ぜひチャレンジしてみてください。

まとめ ▶ スパイス調理は「油脂を使った加熱」「そのまま加熱」「加熱しない」の3つから細分化される

チキンチェティナード

チキンチェティナードは、揃えるスパイスが多く
調理もやや難易度が高いのですが、本編でスパイスに
慣れ親しんだら、ぜひいつか作ってみてください。
いわばこれが未来のゴールです！

材料 (2人前)

A 鶏モモ肉 … 500g
塩 … 4g
シンプルパウダー … 8g
コリアンダーパウダー … 6g
レモン汁 … 15g
ココナツファイン … 20g

B サラダ油 … 15g
ブラックペッパーホール … 2g
クミンシード … 2g
フェンネルシード … 4g

シナモンスティック … ½本 (1.5g)
スターアニスホール … 1個
カルダモンホール … 小さじ1
クローブホール … 小さじ1
ポピーシード … 小さじ2
サラダ油 … 30g

C カレーリーフ … 12枚
玉ねぎ (ケララ切り) … 120g
にんにく (すりおろしまたはみじん切り) … 10g
生姜 (すりおろしまたはみじん切り) … 10g

トマト (小角切り) … 80g
水 … 200㎖
塩 … 4g
香菜 (みじん切り、お好みで) … 適量

SPICE

スパイス

シンプル
パウダー

コリアンダー
パウダー

ブラック
ペッパーホール

クミンシード

フェンネル
シード

シナモン
スティック

スターアニス
ホール

カルダモン
ホール

クローブ
ホール

ポピーシード

カレーリーフ

作り方

1

Aは混ぜてマリネし、最低
20分おく。

2

フライパンにココナツファ
インを入れ、中～弱火で狐
色になるまで乾煎りする。

3

別のフライパンにBの
油を中火で熱し、残りの
Bを香りが立つまで1～
2分炒める。

4

2、3、水100mℓ（分量外）
をミキサーにかけ、滑ら
かなペースト状になるま
で攪拌する。

5

鍋に油を中火で熱し、C
を5分程度炒める。玉ね
ぎが柔らかくなったら、
1を加え炒める。

6

鶏肉の表面の色が変わっ
たら、トマトと水、塩を
加えて15分程度煮込む。

7

4を加え、全体が馴染む
まで5分程度煮込み、香
菜を加える。

骨付きラムビリヤニ

多種のスパイスをたっぷり使ったマトンの煮込みと、
ホールスパイスと共に固く茹でたバスマティライスを層に重ね、
香りと旨味を逃さないよう密閉して蒸し焼きにして仕上げます。

材 料 （2人前）

A
ラムラック（1本ずつに切り分ける）
… 240g～300g
ヨーグルト … 60g
GGペースト … 32g
（にんにくと生姜のペースト→P66）
シンプルパウダー … 8g
自家製ガラムマサラ（P60）… 4g
塩 … 4g

サラダ油 … 100g
玉ねぎ（スライス）… 80g
トマト缶（カット）… 60g
水 … 200g

［バスマティライスの下茹でで］

バスマティライス（水500mℓで20分以上浸水する）… 150g

B
水 … 1000g
塩 … 15g
カルダモンホール … 2粒
クローブホール … 2粒
ブラックペッパーホール … 4粒
ベイリーフ … 2枚

香菜 … 8g
ミント … 4g
サフランミルク … サフランひとつまみを牛乳15gに浸す
ギー … 20g

SPICE

スパイス

シンプル
パウダー

ガラムマサラ

カルダモン
ホール

クローブ
ホール

ブラック
ペッパーホール

ベイリーフ

作り方

1

Aの材料を合わせてマリ
ネする（できれば前日から）。

2

フライパンに油と玉ねぎを
弱火でゆっくり温度を上げ
ながら、茶褐色になるまで
揚げ、ザルでこす。

POINT

余熱で黒くなるので
少し早めに上げる。

[バスマティライスの下茹で]

3

フライパンに**2**で濾した
油30gを入れ、**1**を中火
でソテーする。肉の表面
に火が通ったら、トマト
缶を加えてさらに炒める。

4

肉にしっかり火が通り、
油が表面に浮いてきたら、
水を加えて30分煮込み、
最終的に重量400gにな
るよう水分を調整する。

5

鍋に**B**を沸かし、水を
きったバスマティライス
を加え、6分ボイルして
ザルにあげる。

6

鍋に**4**、**2**、香菜、ミント、
5の順に重ねる。

7

サフランミルクとギーを
ところどころに散らす。

8

蓋をして中火にかける。
蒸気が上がりはじめたら
トロ火※で15分加熱する。
火を止めて10分蒸らす。

※鍋の下にフライパンを重ねて弱火にかけると、家庭のコンロでもトロ火にできる。　**179**

影の主役、
それはハーブ

スパイスと共に重要な要素となるハーブ。
インド料理でよく使われるハーブの使い方や、
その役割を見ていきましょう。

HERB

ハーブだって負けてない

インド料理において、スパイスは重要な要素ですが、実はハーブもそれに負けないくらい欠かせない要素と言えます。

最も、インドで使われるハーブは、それほど種類が多いわけではありません。しかし逆に言えば、そのひとつひとつの役割はたいへん重要なものと言えます。

●コリアンダーリーフ

タイ料理のパクチーと同じものです。細かく刻んだものをスパイスと同様に使ったり、カレーの仕上げに加えて軽く煮込んだりします。仕上がった料理に生のままトッピングすることもよくあります。

コリアンダーリーフは火を通すことで、独特の青臭さが飛び、ぐっと旨味が前に出てきます。レシピに特に書いていないものも含めて、あらゆるカレーがおいしくなる、魔法のようなハーブです。

●ミント

お菓子や飲み物のイメージが強いミントですが、インドでは料理にもよく使われます。特に肉料理との相性が良いハーブです。主に使われるのはスペアミントですが、ペパーミントが使われることもあります。

インド料理ではコリアンダーとセットで使われることが多く、その中でも特にミントチャトニー（グリーンチャトニー、P182）は、焼き物や揚げ物などに付けて食べる万能ソースとして大活躍します。

イナダのつぶやき 香菜もミントも、ディルもバジルもパセリもタイムもローズマリーも、ハーブはなんでも冷凍しといていつでも使えるようにしとくといいですよ。ついでに青唐辛子とカットレモンとセロリの葉も。黒ずんじゃって見た目は悪くなりますが、ここはインスタじゃないので大丈夫！

●カスリメティ

　スパイスのフェヌグリークの葉の部分を乾燥させたドライハーブです。インドでは、乾燥させない生葉もハーブというよりはむしろ野菜としてよく食べられています。

　乾燥させたカスリメティは、フェヌグリーク同様、甘い香りとコクを感じさせる風味があります。カレーなどでは煮込みの工程で加えることで、豊かな味わいがプラスされます。とても日本人好みのハーブと言えます。

●カレーリーフ

　インド全土で使われますが、特に南インド料理には欠かせないハーブです。柑橘系の植物で、「南洋山椒」とも呼ばれますが、山椒のような爽やかな香りとい

うよりは、なぜか海老などの甲殻類を思わせるような、香ばしくどっしりとした風味が料理に独特の味わいを与えます。

　炒める、あるいは煮込むことで風味が引き出されます。

●インディアンベイリーフ
（テジパッタ）

　本書の前半のレシピではこちらの代用として西洋種のベイリーフを使用していますが、インドでは本来こちらが主流です。西洋種のベイリーフとは全く別の植物で、こちらはシナモン（カシアシナモン）の葉の部分で、香りもシナモンと共通する甘い香りがあります。

●その他のハーブ

　その他のハーブには、地域によっては魚料理にディルが使われることもあります。また、インド北部ではレブパッタ（レモンリーフ）と呼ばれる、コブミカンの葉（バイマックルー）によく似た香りの柑橘類の葉が、ビリヤニや肉のカレーに使われます。

　近年ではタイ料理からの影響なのか、レモングラスやバイマックルーそのものが使われたり、バジルやオレガノなど西洋料理のハーブが使われることもあるようです。

まとめ ▶ ハーブを料理に使えば、旨味・コク・風味になる。

ミントチャトニー＋クイックラムケバブ

ミントとコリアンダーの生葉をたっぷり使った、色鮮やかなディップソース。
ケバブやタンドリーチキンなど肉の焼き物のソースとして使われます。
他にも野菜やパニール、各種揚げ物など、何にでもよく合う万能ソースです。

HERB
ハーブ

ミント

香菜

材料 （2人前）

A｜ミント … 15g
　香菜 … 15g
　にんにく … 5g
　生姜 … 5g
　グリーンチリホール … 2本
　塩 … 3g
　砂糖 … 3g
　ヨーグルト … 50g
ヨーグルト … 150g
クミンパウダー … 1g
骨付きラム肉 … 150g

作り方

1 Aをフードプロセッサーでなめらかに
　なるまで攪拌する。
2 1にヨーグルト、クミンパウダーを混ぜる。
3 骨付きラム肉に、おろし生姜、おろしに
　んにく、塩、ガラムマサラ各少々（全て
　分量外）をすり込み、フライパンかオー
　ブンで火が通るまで焼く。
4 器に3を盛り、2を添える。お好みで輪
　切りにした紫玉ねぎ、香菜、レモン（全
　て分量外）をあしらう。

イナダのつぶやき

店で出すカレーにはあまりカスリメティを使わないが、家で自分用に作る時はわりと頻繁に使う。なぜなら日々のオカズの延長で日本米で食べるカレーライス的カレーにとてもよくフィットするから。大阪スパイスカレーとかで多用されてるのはとても納得がいく。

カスリメティチキン

北インドやパキスタンの家庭でよく使われる「フェヌグリーク（メティ）の生葉」。
生葉は日本では入手しにくいので、乾燥させた「カスリメティ」を使った
レストランスタイルのチキンカレーを紹介します。

材 料 （2人前）

サラダ油 … 30g
玉ねぎ（スライス）… 120g
A にんにく（みじん切り）… 5g
生姜（みじん切り）… 5g
トマト（小角切り）… 80g
B シンプルパウダー（P36）… 4g
ガラムマサラ … 1g
カスリメティ … 1g
塩 … 3g
骨付き鶏モモ肉 … 300g
ヨーグルト … 30g
水 … 60㎖

作り方

1 鍋にサラダ油を中火で熱し、玉ねぎ
   を炒める。玉ねぎが完全に柔らかく
   なったら、**A**を加え、トマトが煮崩
   れるまで炒める。
2 冷ました**1**をフードプロセッサーで
   滑らかになるまで攪拌する。
3 **2**を鍋に戻し、**B**を加えて再び中火
   にかける。全体がなじんで表面に油
   が浮いてきたら、鶏肉を加えて炒め
   る。
4 ヨーグルトと水を加え、蓋をして
   20〜30分煮込む。

HERB
ハーブ

カスリメティ

SUBTRACTION

そして達人は引き算に向かう

ここからはさらに上級編。
スパイスの達人たちにならって、スパイスの使い方を
シンプルにしていきます。これこそ究極のスパイス使いです。

達人こそシンプルなスパイス料理に

インドのスパイス料理にハマると、カレー作りの経験を重ね、様々なスパイスをより複雑に使いこなす料理にもチャレンジしていくことになるでしょう。そうやってますます深い「沼」にハマっていくのがカレー作りの醍醐味でもあります。

しかし同時に、そんな達人たちに共通してよく見られる別の傾向もあります。ある程度複雑なカレーをこなすと、それを通じて、よりシンプルなスパイス料理に魅せられる人もまた多いのです。

「スパイス料理とは、スパイスを（なるべく）使わぬことと見つけたり」

とでも言いたくなるような（禅問答のような！）世界がそこには広がっていきます。

「散々色々なカレーを作ってきたけど、結局シンプルなダル（豆）カレーさえあ

ればいいのかもしれない」

なんてことを言う人もいます。

それは、まあ、少し極端な例かもしれませんが、スパイスを知れば知るほど、シンプルなカレーの良さをより深く理解できるようになるのは確かだと思います。またそういうカレーこそが、毎日でも食べ飽きない、生活の中にどっしり根を下ろした「一生もの」のカレーであるとも言えます。

ここではそんな、スパイスがごくシンプルだからこそ奥深い味わいを楽しめる、そんなカレーをいくつかご紹介したいと思います。

様々なスパイスを使いこなした後に、あえてこういったシンプルなスパイスのカレーを作ると、改めてスパイスの底力を実感することにもなるのではないでしょうか。

> **まとめ** ▶ スパイスを知れば知るほど、
> シンプルなカレーの良さを理解できる

イナダのつぶやき 普通なら入れるはずのものを入れずに徹底的にシンプル化してみた料理は、時に「実はこれだけで良かったのか！」「むしろこっちの方がおいしいじゃん！」的な驚きを与えてくれます。期待値が低いから余計うまく行った時の喜びが大きいのかもしれませんが。

ダール

インドでは毎日食べられていると言っても過言ではない、豆のカレーです。
最小限の材料で豆そのものの滋味を味わう、素朴ながら、
ある意味最も洗練されたカレーのひとつと言えるかもしれません。

材料 （2人前）

ムング豆 … 80g

水 … 500mℓ

A　| にんにく（潰す）… 12g
　　| ターメリックパウダー … 1g

B　| サラダ油 … 15g
　　| 鷹の爪 … 2本
　　| クミンシード … 1g

バター … 15g

玉ねぎ（みじん切り）… 60g

トマト（角切り）… 80g

塩 … 4g

香菜（みじん切り、お好みで）… 適量

作り方

1　鍋に洗ったムング豆と水を入れ、沸かす。アクを取り**A**を加え、蓋をしてトロ火（→P179）で30〜45分煮込む。

2　**1**の鍋の中をホイッパーで攪拌してポタージュ状にする。

3　別の鍋に**B**を中火で熱する。鷹の爪の香りが立ったら、バターと玉ねぎを加えて炒める。

4　玉ねぎがしんなりしたらトマトを加えて煮崩れるまで炒める。

5　**4**を**2**の鍋に加え、塩と香菜を加える（仕上がり重量500g）。

SPICE
スパイス

ターメリック
パウダー

クミンシード

ミーンモーレー

海の幸に恵まれた南インドケララ地方のシンプルな伝統料理。
2種類のシードスパイスと、ターメリック、チリペッパーだけ！　ですが、
その僅かなスパイスが素材の旨味を引き出すのは、まるで魔法のようです。

SPICE
スパイス

マスタード
シード

フェヌグリーク
シード

ターメリック
パウダー

チリペッパー
パウダー

材料 （2人前）

A | サラダ油 … 20g
　　| マスタードシード … 2g
　　| フェヌグリークシード … 1g
　　| 鷹の爪 … 2本

B | カレーリーフ（あれば）… ひとつまみ
　　| 玉ねぎ（ケララ切り）… 50g
　　| 生姜（粗みじん切り）… 6g
　　| ししとう（小口切り）… 2本

C | 水 … 50ml
　　| ココナツミルク … 50g
　　| 塩 … 4g
　　| ターメリックパウダー … 1g
　　| チリペッパーパウダー … 0.5g

鯛切り身 … 120〜140g
トマト（くし切り）… 60g
ココナツミルク … 100g
レモン汁 … 8g
香菜（みじん切り）… 4g

作り方

1 フライパンにAを中火にかけ、マスタードシードが弾けたらBを加えて玉ねぎに火が通るまで炒める。

2 1にCを入れ、沸騰したら鯛とトマトを加えて弱火で10分煮込む。

3 ココナツミルクを加えて一煮立ちさせ、レモン汁と香菜を加える。

イナダの
つぶやき
　ミーンモーレーは、スパイスも工程もものすごくシンプルすぎて、実物を知るより先にレシピで見た時は「こんなんでおいしいわけないやろ！」と思いましたよ正直なところ。

186

田舎風ガーリックチリチキンカレー

使用するスパイスはチリペッパーパウダーとターメリックのみ、というシンプルさ！
そのかわり、辛さとにんにくの風味をしっかり効かせて、インパクト満点に
仕上げます。とあるスリランカレストランで出会った田舎風料理の再現です。

材料 （2人前）

A｜骨付き鶏モモ肉 … 300g
　｜塩 … 4g
　｜チリペッパーパウダー … 1g
　｜ターメリックパウダー … 1g
サラダ油 … 30g
鷹の爪 … 10本
玉ねぎ（ケララ切り）… 120g
にんにく（軽く潰す）… 30g
水 … 100mℓ

作り方

1 Aの材料を合わせてマリネしてお
　く。
2 鍋に油と鷹の爪を中火にかける。
3 鷹の爪が少し黒っぽく色づいてきた
　ら、玉ねぎとにんにくを加えてさっ
　と炒める。
4 1を加えてさっと炒める。
5 水を加えて蓋をし、鶏肉が柔らかく
　なるまで15〜20分煮込む。

SPICE
スパイス

チリペッパー
パウダー

ターメリック
パウダー

料理・ミックススパイス索引

この本でレシピを紹介している料理・ミックススパイスの索引です。
気になる料理・ミックススパイスを作ってみてください。

ア

アダナケバブ 105

アルジラ 071

田舎風ガーリック
チリチキンカレー 187

インゲンのサブジ 085

ヴィンガドーシュ 113

オクラのヨーグルト
カレー 043

オレンジの
フルーツビネガー 098

カ

カスリメティチキン 183

かぼちゃのサブジ
074

カルダモン風味の
バナナケーキ 093

キーマタル 053

基本のビーフカレー
052

キャベツのトーレン
072

キャロットケーキ 092

牛肉とキノコの火鍋
103

きゅうりの
ディルピクルス 096

クイックチキンカレー
038

ゲーン・マッサマン
135

香辛麻婆豆腐 041

コック・オ・ヴァン 115

サ

小松菜のサーグ 073

サバ缶カレー 054

サンバルパウダー
087

シーフード
ココナツカレー 044

ジャークチキン 127

シュクメルリ 121

シュラハトブラッテ
119

ショルバサマック 107

シンプルパウダー 036

スイートガラムマサラ
061

ストロングガラム
マサラ 061

スパイシー
チキンカレー 058

タ

スパイスウォッカ 098

ターメリックライス 100

ダール 185

ダナジラ 085

チェッターヒン 137

チキンウプ 075

チキンコルマ 078

チキンチェティナード 176

チキンペッパーフライ 064

チャートマサラ 089

チャイ風味の アメリカンクッキー 094

チャナチャート 089

チャパティ 100

チョウミン （ネパール焼きそば）040

チリ・コン・カン 123

トマトラッサム 088

ナ

鶏肉の モレ・ポブラーノ 125

ドロ・ワット 109

なすのトマトコランブ 087

なすビーフキーマ 065

ハ

ネパール風 ポークカレー 055

パイナップル チキンカレー 133

バスマティライス 100

ハパンコルプ 090

ビーフルンダン 131

ひよこ豆の
トルコ風ピクルス 096

ひりし（南蛮料理）129

ベイガンバジ 086

ベーシック
ガラムマサラ 061

骨付きラムビリヤニ
178

マサラししゃも 042

マサラ焼き鳥 042

ミーンモーレー 186

ミックスピクルス 097

ミックスベリー
コンフィチュール 095

ミントチャトニー＋
クイックラムケバブ 182

ラッサムパウダー 088

ラムカレー 062

ラム肉のシチュー 111

冷残肉のビーフカレー
117

ローストチリクミン 086

ぜひこの本を活用してスパイスを愉しんでください！
SNSにアップもおすすめです。

#個性を極めて使いこなす
#スパイス完全ガイド
#西東社

著者 **稲田俊輔**（いなだ しゅんすけ）

料理人。鹿児島県生まれ。京都大学卒業後、飲料メーカー勤務を経て、「円相フードサービス」の設立に参加。和食、ビストロなど、幅広いジャンルの事業立ち上げやメニュー開発などを手掛ける。05年より本格的にインド料理に目覚める。11年に南インド料理店「エリックサウス」を開店。『南インド料理店総料理長が教える だいたい15分！本格インドカレー』（柴田書店）、『キッチンが呼んでる！』（小学館）、『チキンカレーultimate21＋の攻略法』（講談社）など著書多数。

参考文献

『香辛料の民俗学－カレーの木とワサビの木』（中央公論社）、『トウガラシの世界史－辛くて熱い「食卓革命」』（中央公論社）、『スパイス完全ガイド 最新版』（山と溪谷社）、『スパイスの科学』（河出書房新社）、『Masala Lab』（India Penguin）、『Curry：A Biography』（CHATTO & WINDUS）、『The Curry Secret』（Robinson）、『世界の食文化 全21巻』（農山漁村文化協会）、『タイムライフブックス－世界の料理 全19巻』（タイムライフブックス）、『知っておいしいスパイス事典』（実業之日本社）、『世界のハーブ＆スパイス大事典』（主婦と生活社）

調理・レシピ協力	小畑雪奈（エリックサウス）
デザイン	若井夏澄（tri）、野村彩子
撮影	元家健吾
スタイリング	小坂 桂
イラスト	ひらのんさ
DTP	株式会社明昌堂
校正	有限会社玄冬書林
写真協力	エスビー食品株式会社、ショップジャパン、Getty Images
編集協力	齊藤綾子

個性を極めて使いこなす スパイス完全ガイド

2023年2月15日発行　第1版
2023年7月5日発行　第1版　第2刷

著　者	稲田俊輔
発行者	若松和紀
発行所	株式会社 西東社

〒113-0034　東京都文京区湯島2-3-13
https://www.seitosha.co.jp/
電話　03-5800-3120（代）

※本書に記載のない内容のご質問や著者等の連絡先につきましては、お答えできかねます。

ISBN 978-4-7916-3146-9